JN085823

プロベーカーが選ぶ

これからの製パン法

さらに美味しく、もっと省力化、より計画的に

竹谷 光司

Koji Takeya

旭屋出版

この本を手に取った方へ

本書のP7、23、37にクイズがあります。

これに全て正解できるあなたなら、

おそらくこの本は物足りないでしょう。

十分時代に即した知識をお持ちです。

けれど、ひとつでも「あれ?」があったら

ぜひ、本書をご一読ください。

刻々と変わるパン作りの世界の「いま」と「これから」が

いっそう見やすくなるはずです。

はじめに

　この本は、これから製パンのプロを目指そうとする方から中堅ぐらいの方を対象としています。加えて、長時間労働で時間に追われる従来の製パン法から一歩出て、発酵種、冷凍・冷蔵法、さらには可能性にあふれる酵素剤を使った製パン法も紹介しています。

　ベーカリーは数ある職業の中でも肉体的、体力的、時間的にもきつい職業です。でも、それに余りある魅力と見返りがあります。この仕事に浸かれば浸かるほどその素晴らしさにとりつかれます。というのも、ほとんどのお客様がお金を払ってお帰りになる時にお礼を言われます。

　「美味しいパンをいつもありがとう!」。

　こんな嬉しい商売、仕事があるでしょうか?　小さいお店だからこそ味わえる幸福です。事業としてベーカリー業を営みたい方には年商1億、3億円というのも決して夢ではありません。明確な目標をもって取り組んでいただければ必ず実現できます。

　この本は3部に分かれています。第1部はパンに使う原材料の特徴と、それらが生地中で果たす役割について、第2部は各製パン工程の目的と考え方、第3部は、まず基本のパン5アイテムの配合・工程を周辺知識とその考え方を、寄り道しながらご説明します。そして続く項は、製パンのプロとして知っておくべき応用アイテム、そして、私が50年間パンを焼き続けて美味しいと記憶に残るパン、これからの時代に必要になるであろう製法、原材料を使ったパンをご紹介します。

　パン業界には数多くのコンクールがあります。原材料メーカーや業界団体が主催のもの、フランス、ドイツ、イタリアなどの世界大会。コンクールにチャレンジするのは自分の実力を試すだけではありません。チャレンジすることで日頃の生活態度、習慣が変わります。コンクールの中でたくさんの仲間が出来ます。何よりも自分の技術が格段に上がり、お客様からの信頼もあつくなります。

　この業界で働くかぎり日本だけでなく、世界中のベーカーが家族です。不思議なことにどこへ行っても、ベーカーと名乗ることで家族のように接し、受け入れてくれます。一生の仕事として取り組むに足る仕事です。長くなればなるほど、深く知れば知るほど面白くなります。きっと一生頑張ってもゴールにはたどり着けないでしょう。でも、それが楽しいのです。健闘を祈ります!

目次

(3) 店の技術力が示せるドイツパン

Coffee Time ☕

本書の工程表の見方

ミキシング	L= 低速　M= 中速　H= 高速
発酵時間	P= パンチ
焼成温度	例) 240 → 220℃ = 窯入れ時 240℃、その後 220℃に設定変更
	例) 230/190℃ = 上火 230℃、下火 190℃

第1部
製パン原材料

INGREDIENTS

クイズ

────────────
あなたの製パン知識をチェック！
════════════

Q.1

「天然酵母を使っている」と表示することは、
パン業界として推奨している。

□　○　　□　×

答え　➡　P.126
解説　➡　P.11

Q.2

製パン改良剤は化学合成物質なので、
腕のある技術者は使わない。

□　○　　□　×

答え　➡　P.126
解説　➡　P.13

1 小麦粉

1 なぜ小麦粉が使われるのか

　パンに使われる穀粉は小麦粉だけではありません。ライ麦粉、米粉、コーンフラワー、大豆粉等も使われます。でも本書は基本から進めたいので、ここでは小麦粉に限ってご説明します。その他の穀粉に関しては、使う都度に解説を加えます。

　なぜ、パンには小麦粉がメインで使われるのか？　それは、小麦粉にはグリアジンとグルテニンという2つのタンパク質が同時に存在するからです。小麦粉に水を加え軽く混合するだけで、上記2つのタンパク質が結合してグルテンという別のタンパク質に変わります。少し前までグルテニンとグリアジンがミキシングされることで少しずつ結合され、グルテンがつながっていくと考えられていました。でも、今は違います。小麦粉に水を加えた瞬間に弱い結合のグルテンの塊が出来ます。ミキシングをするということは、この弱い結合のグルテンの塊を、強い結合の薄い膜のグルテンに変化させることなのです。

2 小麦の種類

　現在、日本のベーカリーで使われている小麦は特殊な例外を除いて、カナダ、アメリカ、オーストラリアの3か国からの輸入小麦と、日本でできる国内産小麦です。

　カナダから輸入されているのは、よほど作柄が悪くない限りパン用に使われる1CW（ワン・シー・ダブリュ）、正式名 No1.CWRS（ナンバー1・カナダ・ウエスタン・レッド・スプリング）です。まれに1CWが確保できないほど不作の年は2CWも併せて輸入されることがあります。

　アメリカ合衆国からはパン用のDNS（ディー・エヌ・エス、ダークノーザンスプリング）と中華めん用にも使われるHRW（ハード・レッド・ウインター）、それに洋菓子用のWW（ダブダブ、ウエスタン・ホワイト）が輸入されています。

　オーストラリアからはめん用のASW（エー・エス・ダブリュ、オーストラリア・スタンダード・ホワイト）が輸入されています。

　これまで国産小麦はパン用に向かないとされていましたが、それは昔の話です。北海道で春播き小麦の「春よ恋」が育種されてからは、同じく北海道の秋播き小麦で超強力小麦の「ゆめちから」、関東の秋播き小麦「ゆめかおり」など、1CW、DNSの品質に近い品種が開発されています。その他にも「キタノカオリ」「ミナミノカオリ」など、特徴があり、地方色豊かな品種も人気があります。

　ここで注意したいのは、海外の小麦は一つの銘柄に複数の品種が登録されていることです。それに比べて国産小麦は一品種一銘柄（品種名が銘柄名ということです。）です。したがって、品種の作柄がそのまま銘柄のバラツキになってしまいます。1銘柄の中に複数品種があれば品種の作柄によるばらつきもある程度は品種のブレンドによって緩和され、量もまとまります。これなどは、お米の一品種一銘柄を単純に世襲したもので、粉食で食べられる小麦と粒で食べられるお米を同列に扱うことに無理があるように感じます。

③ 小麦の形と構造

　小麦の構造は大きく3つに分けられます（イラスト参照）。小麦粉になる**胚乳**（85%）、胚芽油等になる**胚芽**（2%）、そして最近注目される食物繊維の原料となる**穀皮**（別名、フスマ・13%）です。その他に**粒溝**（りゅうこう、クリーズ）と呼ばれる胚乳に深く食い込んだ溝があり、さらに胚乳の一部ではありますが、胚乳の一番外側で**アリューロン層**（糊粉層・こふんそう）と呼ばれる部分は現時点では**フスマ**として処理されていますが、ここは栄養価も高く、私は製粉技術が上がることでここが分離され、食品として利用されることを強く期待しています。

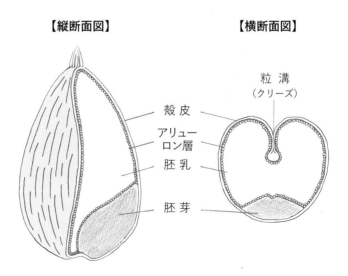

【縦断面図】　　　　　　　【横断面図】

粒溝（クリーズ）
殻皮
アリューロン層
胚乳
胚芽

④ 製粉

① **原料受け入れ**：海外からの小麦はほぼ100%船便で輸入され、国産小麦は船便、あるいは貨車で政府管轄のサイロに入れられます。

② **貯蔵**：政府から製粉会社に売り渡されたところで製粉会社は原料品質検査をおこないます。

③ **精選・調質**：精選工程では小麦以外の異物が除かれ、調質工程では製粉に最適な小麦水分に調整され、一定時間寝かされます。この加水によって胚乳は軟らかくなり製粉されやすく、穀皮は強靭になり粉砕されにくくなります。

④ **原料配合**：貯蔵時に行った品質検査をもとに、一定品質の小麦粉を作るべくいくつかの小麦銘柄や同一銘柄の中でも複数ロットを配合します。

⑤ **挽砕**：ブレーキロール、スムーズロールなどの粉砕工程とシフター（篩・ふるい）、あるいはピュリファイアーなどの純化工程を繰り返すことで上がり粉（あがりこ・ストック）と呼ばれる性格の異なる、数十種類の粉（ストック）に取り分けます。

⑥ **仕上げ**：シフター（篩）の下に出てくる40～50種類の上がり粉を一般分析、二次加工試験（ストック試験、ストリームテスト等）の後、そのストックを組み合わせて混合することで、1～3種類の小麦粉（製品・銘柄)を完成させます。その後、再度ふるうことで異物除去を確認します。

⑦ **品質検査**：仕上がった製品（マーク）ごとに、一般分析、機器分析（ブラベンダー試験等）、二次加工試験をクリアした後、包装され、あるいはタンクに貯蔵され、一定期間エイジングを取った後、出荷されます。

5 小麦粉の分類

　小麦粉の分類方法は大きく2種類あります。一つは灰分量を基準にした等級別分類法（表1）、もう一つはタンパク質の量と質を基準にした用途別分類法（表2）です。分かりやすいように表で示します。

表1　小麦粉の等級別分類

等級	灰分（%）	色相	酵素活性	繊維質（%）	用途
一等粉	0.3～0.4	良	低い	0.2～0.3	パン、めん、菓子
二等粉	0.5±	普通	普通	0.4～0.6	オールパーパス
三等粉	1.0±	劣	高い	0.7～1.5	グルテン、デンプン
末粉	2～3	甚劣	甚高い	1.0～3.0	合板、飼料

表2　小麦粉の用途別分類

種類	主な原料小麦	グルテン		タンパク質含量(%)	粒度	用途
		量	質			
強力粉	1 CW,DNS HRW（SH）	甚多	強靭	11.5～13.5	粗	パン
準強力粉	HRW（SH）	多	強	10.5～12.0	粗	パン、中華麺
中力粉	ASW 国内産小麦	中	軟	8.0～10.5	やや細	めん（ゆで、乾）菓子
薄力粉	WW	少	弱	6.5～8.5	細	菓子、天ぷら

2 パン酵母（イースト）

> ※長年、パン業界では普通にイーストという言葉を使ってきましたが、最近、一部の
> リテイルベーカリーで天然酵母という言葉が使われるようになりました。消費者の中
> には天然酵母が天然物でイーストは化学合成品と誤解している方も少なからずいらっ
> しゃいます。そんな誤解を除くため、現在、パン業界ではイーストという言葉の使用
> を止め、「パン酵母」という言葉に統一しています。

　パン作りは一粉二種（たね・酵母）三技術（いちこな、にたね、さんぎじゅつ）と言われ、酵母はパン作りで小麦粉と並んで最も重要な原料の一つです。

　他の原材料と違い生き物ですから、最適な活動温度とpHを知っておく必要があります。温度は38℃で最も活発になり、10℃以下ではほとんど活動停止、マイナス60℃で失活します。高温域では55℃で死滅し始め、60℃で全てが死滅し、失活します。pHによる影響ではpH4～6で最も活性が高まります。

　以前は市販パン酵母（サッカロミセス・セレビシエ、Saccharomyces cerevisiae）の説明だけで済んでいましたが、最近はベーカリーが独自に培養する自家製発酵種の使用も増えていますので、これを少し説明しておきます。上記に述べるような市販パン酵母は廃糖蜜等の栄養素と酸素を強制的に供給することで1g中に10^{10}個（100億個/g）の酵母数に達します。これに対して、自家製発酵種の中に存在するパン酵母の場合、増殖のための栄養素の供給はある程度できるとしてもその他の培養条件が不十分なこともあり、一般的には酵母数は10^7個/g程度です。しかし、実際のパン生地中での発酵力は、市販パン酵母だけを使った場合の1/50程度と理解できます。とはいえ、発酵力の不足を補って余りある魅力は乳酸菌の多さです。酵母は主に炭酸ガスの発生を担い、乳酸菌は有機酸、遊離アミノ酸、抗菌物質、機能性物質を多く産生します。つまり、自家製発酵種を使う場合、時間をかけさえすれば市販パン酵母とは違った風味のパンを焼くことができるのです。

1 市販パン酵母の種類と使用法

　現在日本で販売されているパン酵母は大きく4種類に分けられます。
- **パン酵母（生）**：日本で一般に出回っているものは高糖生地用と言われるもので、砂糖配合が多いものに使われます。パン粉用として砂糖配合が0％で、発酵時間も短いパン粉用パン酵母（生）もありますが、これだと発酵を長くとりたいパン用には向きません。
- **セミドライイースト**：低糖用（赤ラベル※）と高糖用（金ラベル※）があります。開封後の保存期間も冷凍で1年間ほどありますので、家庭製パ

11

	パン酵母（生）	セミドライイースト	ドライイースト	インスタント ドライイースト
写真				
形状	塊状	顆粒状	粒状	顆粒状
水分	70%	25%	8%	5%
特性	日本では主に 高糖用	低糖用 （砂糖 0 ～ 5%）と 高糖用（5%以上） あり	糖配合 （砂糖 0 ～ 10%用）	低糖用 （砂糖 0 ～ 12%）と 高糖用（5%以上） あり
	冷水耐性あり	溶解性良い 冷凍耐性強い ビタミンC 無	前処理必要 ビタミンC 無	ビタミンC （有：赤・金） （無：青）
保存・開封前	冷蔵で 4 週間	冷凍で 製造から 24 か月	常温で 2 年間	常温で 2 年間
保存・開封後			冷蔵で 2 週間	冷蔵で 1 か月
使用量		パン酵母（生）の 40%	パン酵母（生）の 50%	パン酵母（生）の 1/3

※冷蔵はすべて 5℃を基準にした数値です。
※保存期間はあくまで目安です。開封後は冷暗所で保存のうえ、できるだけ早くお使いください。

ンなど使用量の少ない時にも便利に使えます。

● **ドライイースト**：前処理が必ず必要です。その方法はドライイースト量
の 5 倍ほどの 42℃のお湯に、ドライイーストの 1/5 程度の砂糖を入れ、
かき混ぜます。その上からドライイーストをさらさら振りかけ、10 分
後に軽くホイッパーでかき混ぜ、さらに 5 分間静置した後に使います。

● **インスタントドライイースト**：前処理の必要はなく、15℃以上（15℃以
下の生地や水に触れると活性が損なわれます）の生地に振りかけるのが
原則です。開封後の保存性向上を目的にビタミンCを添加している低糖
生地用の赤ラベル※と高糖生地用の金ラベル※があります。その他にビ
タミンC 無添加のブルーラベル※（低糖用）とピザ用のグリーンラベル※
（対粉・砂糖量 0 ～ 12%）があります。

※印はいずれもフランス・サフ社の商品名です。ドライイーストにはその他にもフライッシュマ
ン、レッドスター、フェルミパン等、海外メーカーが多数あり、業務用で使われてはいますが、
スーパーなども含め、一般的に広く知られているのはサフ社製です。

② 発酵種（ルヴァン）

ルヴァンとはフランス語（日本に最初に紹介したのがフランス人のレイ
モン・カルベル氏であったため）で発酵種を指しますが、大きく 3 種類あ
ります。少量の市販パン酵母を使って培養したものをルヴァン・ルヴュール、

古生地を使ったものをルヴァン・ミクスト、小麦・ライ麦・ブドウ・リンゴ等に付着する野生酵母を培養したものがルヴァン・ナチュレルです。

　どの場合も野生パン酵母と共存する乳酸菌の働きと、長時間発酵という時間の作用で、快い酸味と深く厚い風味は捨てがたいものがあります。世界的にも発酵種（世界的にはサワー種と呼ばれますが、日本ではこの言葉がライブレッドの時に使われ、酸っぱいというイメージが強いので、ここではあえて発酵種と呼びます）が注目されており、これから自分の、あるいはお店のオリジナルの味を追求しようとする場合にはこのうえない武器になるはずです。ぜひ、1種類でもいいので手掛けてください。きっとその美味しさに魅了されると思います。

３ 発酵種中の酵母と乳酸菌

　発酵種中の最も一般的な酵母は Saccharomyces cerevisiae ですが、パネトーネ種、サンフランシスコサワー種には Kazachstania exigua（旧名、Saccharomyces exiguous）も含まれます。一方、発酵種中に存在する乳酸菌は Lactobacillus brevis, L.plantarum, L.sanfranciscensis　の3種類が主なもので、これらが生成する乳酸や酢酸といった有機酸は風味を向上させます。乳酸はマイルドな酸味を呈し、酢酸は刺激的な酸味と香りを呈することで、パンの味や香り、旨味に貢献します。

　世界各地には伝統的に作り継がれてきた発酵種があり、ドイツのサワー種、イタリアのパネトーネ種、フランスのルヴァン種、日本のホップス種、酒種、アメリカのサンフランシスコサワー種、中国の中華種等が有名です。なお、日本の酒種には麹菌が存在しています。これは乳酸菌の仲間ではなくカビの仲間です。世界中の発酵種の中でカビが発酵種中にあるのはこの酒種だけと言われています。

3　製パン改良剤（イーストフード）

　製パン改良剤の使用目的は高品質のパンを安定的に製造することであり、主にはパン酵母への栄養供給と生地物性の改良です。内容成分としては酸化剤、還元剤、酵素剤、乳化剤等があります。

　実はこの項を設けるかどうか迷いました。ウデをもって独立しているリテイルベーカリーに製パン改良剤が必要なのか？　消費者は安全・安心を求めて顔の見える関係のリテイルベーカリーを支持してくれています。そんな我々が、通常の家庭なら使用しないような素材で出来ている製パン改良剤を使うことは消費者への裏切りではないのか？

お店の開店当時は、安全が証明されている製パン改良剤を使うことは何ら消費者の信頼を裏切ることではないという強い信念のもとに自信をもって使っていました。しかし、お客様から「ここのパンは美味しくて、安心できる。離乳食に孫がここのパンなら喜んで食べてくれる」等といううれしいお話を聞くたびに何となく、お尻のむずがゆさを感じていました。そんなこともあり、食品素材のみで作られた製パン改良剤が出た時に、いち早くそちらに切り替えました。

　近年、酵素製剤のみで作られた製パン改良剤を入手できるようになり、現在使用しています。

　製パン法も時代と共に変わらなければなりません。昭和初期、工場生産のパン酵母が市販された時もパン職人たちはこんなまがい物は使いたくないとボイコットしたというお話を聞きました。今考えると市販パン酵母はあまりにも発酵力が強く、使い方次第では発酵時間が３０分でも、１時間でも見栄えのするパンを作ることが出来、発酵食品としてのパンの存在を忘れさせる時期もありました。しかし、現在は発酵種（サワー種という名称のものも多い）という、それ（発酵の短さによる風味不足）を補える素材も開発され、自家製造（レーズン種、イチゴ種、フスマ種といった自家製発酵種）も出来ますし、市販品を買うことも出来ます。

　私なりにこれからのパン作りを考えた時、①まずは、美味しいパンを作る。そのためには冷蔵・冷凍庫を活用した冷蔵長時間発酵の活用。②１日の作業時間の短縮。これからのベーカリーは長時間労働を続けていたのでは人が集まりません（発酵は長く、作業は短く）。③でも美味しいパンを作るためにはある程度の発酵・熟成時間が必要です。④熟練技術者だけに頼っていては最良のパンを、継続して作れるとは思えません。ここに、製パン改良剤の登場があります。私が日清製粉在職中の30余年前に夢中で取り組んだ時から酵素製剤には無限の可能性を感じていました。パン作りのためのi-ps細胞と思うほどです。ぜひ、最新の技術情報を入手し、もっと美味しいパンを楽に、安定的に作ってください。

◼ 製パン改良剤の使用効果

① **味の改良・食感の向上**：もちもち感、しっとり感、ソフト感、サックリ感に加え味・香りを付加・向上させます。

② **ボリュームの向上**：発酵を促進し、ガス保持力、ガス発生力を向上させることでパンボリュームを大きくします。

③ **生地物性の改良**：生地のべたつきを抑え、伸展性を増すことで機械耐性、生地の安定性を向上させます。

④ **機能性の向上**：生地冷凍・冷蔵用の改良剤はこれまで無機イーストフード、乳化剤がその主なものでしたが、最近は食品素材のみで組み立てたもの、酵素剤のみのもの等、様々なタイプが市販されています。

必要悪などという消極的な考えは捨て、積極的に検討し、自分の主義・主張に沿ったタイプを見つけてください。あまりにも種類が多いこと、メーカー、銘柄によって使用量も使い方も違ってくることからここでは個々の説明は省きますが、これからは冷凍・冷蔵はもちろん様々な製パン法を駆使して省力化、省人化を実現しなければなりません。アンテナを高くして最新の情報を入手し、上手に活用してください。

2 製パン改良剤の種類

① **酸化剤・還元剤・乳化剤使用改良剤**：幅広い製品で使用でき、安定してワンランク上の製品を焼き上げることが出来ます。

② **食品素材のみ使用の品質向上剤**：アセロラ粉末、植物性タンパク質、乳清ペプチド等の食品素材のみを組み合わせた商品で食品添加物表示の必要がありません。

③ **酵素製剤のみ使用の改良剤**：ヘミセルラーゼ、アミラーゼ、プロテアーゼ、グルコオキシダーゼ、セルラーゼ、トランスグルタミナーゼ等各種酵素の量とバランスを研究・製剤しており、現時点でもかなり満足のいく性能ですが、これから有望なリパーゼ、エンドキシラナーゼ等まだ研究中の酵素もあり、楽しみ、かつ、将来は益々有望な製パン改良剤です。

4　塩

　天然で最高の製パン改良剤といわれ、初期（1913年〈大正2年〉発売のアメリカ・フライッシュマン社製等）のイーストフード（製パン改良剤）には必ず入っていました。現在は数千種類もの塩が市販されていますが、私が製パン試験をした限りではパンの味まで改良できるものは見つかりませんでした。とはいえ「さんまの頭も信心から」と言います。信じる種類の塩をお使いください。私はおにぎり、パスタのゆで汁、ハードロールのみメキシコの海水塩を使っています。

　製パンに塩を使用する目的としては

① 塩味・風味を付与します。

② 発酵をコントロール（約0.2%添加までは発酵促進、それ以上は発酵抑制）します。

③ 雑菌を抑制します。

④ 生地の伸展性、抗張力を向上させ、ガス保持力を向上させます。

⑤ 生地の膨張を促進します。

等が挙げられます。

5　糖 類

　私は主に上白糖を使用していますが、全粒粉を使うものにはフスマ臭のマスキング効果を期待して蜂蜜も併用します。グラニュー糖は癖がない、キビ糖の栄養価は大切など、いろいろなご意見をお聞きします。信じて、お好きなものをお使いください。

　糖を使用する目的としては
① **甘みが付与されます。**
② **パン酵母の餌になります。**
③ **メイラード反応、カラメル化により焼き色が付きます。**
④ **冷凍・冷蔵耐性が向上します。**
⑤ **老化防止の効果があります。**
等です。

1 糖の種類

　砂糖にも上白糖、グラニュー糖、液糖、三温糖、キビ糖、ザラメ、和三盆等々とにかくいろいろな種類があります。これも塩と同じとは言いませんが、パンの味にまで反映することは難しいものがあります。液糖（ブドウ糖と果糖が単糖として存在し、分子量が倍になります）のように分子量の多いものはパン酵母の発酵に影響を与えます（発酵が遅くなります）。黒糖はさすがに味が変わってきますし、形状・処理方法によって焼き上がっ

たパンの食感にも影響があります。よくその成分、製法を理解して使い分けることをお勧めします。

　ブドウ糖は単糖ということもあり、生地中でパン酵母は一番最初にアタックし、分解します。上白糖やグラニュー糖はブドウ糖と果糖の結合した2糖類ですが、生地中ではパン酵母の菌体外酵素であるインベルターゼの作用で時間を置かず分解されるので、その反応速度はブドウ糖とほとんど差はありません。

　粉乳や牛乳に含まれる乳糖はパン酵母では分解されず、餌となって炭酸ガスを発生することもありません。その分焼き色には貢献しますが、発酵を促進することはありません。

　果糖は甘味度の高いのが特徴です。甘味度とは砂糖の甘さを100として、官能試験（15℃、15%溶液）で示した値です。果糖160、転化糖120、砂糖100、ブドウ糖75、水あめ45、麦芽糖35、乳糖15とされています。

　もう一点覚えていただきたいのが糖類のカラメル化（焦げる）温度です。果糖110℃、乳糖130℃、ショ糖・ブドウ糖・ガラクトース（単糖の一種で、乳製品や甜菜、ガム等に含まれる）160℃、麦芽糖（ブドウ糖2分子が結合した還元性のある二糖類）180℃等です。ちなみに、果糖の多い蜂蜜を使ってスポンジケーキなどを焼くと底の部分が赤く変色したスポンジに焼き上がるのはこのためです。一見あまり役に立たない知識のように思いますが、これから40年、50年とパン・菓子を作っていくわけですから必ず役に立つことがあります。

2 糖のパン生地への影響

吸水：砂糖配合の多い生地は吸水が減少します。目安としては上白糖5%増加で、吸水が1%減少します。ちなみに、油脂類も5%増加で吸水1%減少ととらえています。加えて、砂糖が溶けるのには時間がかかります。菓子パン生地などはミキシングスタート時は硬そうに見えますが、時間の経過とともに砂糖が溶けだし、生地がゆるくなります。ご注意を！

ミキシング時間：砂糖が多いと生地がゆるく、滑らかに感じ、一見グルテンがつながったように感じます。でもだまされないでください。砂糖に限らず副材料の多い生地はグルテン結合を阻害する物質が多いということなので、ミキシング時間は長くなります。

発酵時間：糖配合量8〜10%程度まではパン酵母活性が促進されますが、それ以上多くなるとパン酵母への発酵阻害が始まります。それでも何とか10〜20%までなら通常のパン酵母（日本のパン酵母）で対応できますが、それ以上の砂糖添加量の場合は、さらなる耐糖性酵母をお使いください。その違いと効果に驚きます。

6 油脂

　パンに使われるものとしてはバター、マーガリン、ショートニング、ラード等固形油脂がほとんどです。まれに、冷やして食べたいパンにサラダ油などを使うこともありますが、例外と考えてください。味のことを考えるとバター、マーガリン、ショートニング＝ラードといった順番でしょうか。もちろん、それぞれにグレードがあり、値段の違いもありますので一概には言えません。製パン性を考えるとショートニング、マーガリン、バター＝ラードという順番になるでしょう。

　油脂の生地への添加時期は、グルテンがある程度伸展してから添加し、グルテンに沿って生地中に分散させるのが基本です。しかし、サクい食べ口にしたいときは最初から加えて、グルテン結合を弱くします。

　油脂の使用目的としては以下のことが挙げられます。

① **クラストを薄く、軟らかくします。**
② **クラムを薄く、細かく、均一にし、艶を出します。**
③ **味、香り、食感を改良します。**
④ **パン水分の蒸発を防ぎ、老化を遅らせます。**
⑤ **栄養価を高めます。**
⑥ **生地の進展性を良くし、ガス保持を高め、ボリュームを改善します。**
⑦ **スライス性を良くします。**
⑧ **冷蔵・冷凍耐性を良くします。**
⑨ **機械耐性を良くします。**

　もう一点、気にかけてもらいたいのが融点です。常温で液状の菜種油は融点 0 ℃以下ですが、牛脂（ヘッド）は 40 〜 50℃、豚脂（ラード）・内蔵部分は 34 〜 40℃、豚脂・皮下脂肪部分で 27~30℃、バターなら 32℃等です。特にクロワッサン、ブリオッシュ等のバター配合の多い生地は使用する油脂の融点マイナス 5℃が発酵室・ホイロ温度といわれています。

1 油脂の種類と特徴

バター：味・香りのことを考えると何といってもバターがおすすめです。しかし、パン作りのことを考えると融点が 32℃と低く、縦型（物性が 32℃付近で一気に固形から液状になる）であるため使いづらいこともあります。
コンパウンドマーガリン：マーガリンに、ある比率でバターを加えたもので、加工性と味の両方を考慮したものです。バターの混合比率により製パン性・値段はまちまちです。
マーガリン：植物油脂を主体に、水等を加えて乳化させた可塑性を有するもの、または流動性を有するものであり、油脂含有量が 80% 以上のものをマーガリン、80% 未満のものをファットスプレッドと呼びます。

ショートニング：マーガリンとの大きな違いは無味・無臭で、水分を含まず、窒素ガスを含むことです。酸化防止剤や食用乳化剤の含まれるものもあります。マーガリンは直接食べられることも多いですが、ショートニングは製菓・製パン原料として使われることが多いです。その特徴は何といっても製品をもろく、砕けやすくするショートネス性ですが、その加工性、安定性、乳化性、分散性などパン・菓子の品質向上には重要な原料です。

ラード：中華料理の味を決めると言われるほど重要な原料ですが、パン作りにおいても素材の味を引き立てるために重要な役回りがあります。穀物の味、発酵の味（無味・無臭のものもあり、発酵臭の邪魔をしない）を強調したいときには無くてはならない原料になります。

油脂を原料別に説明すると以上のようになりますが、その他に、用途別にも説明できます。

練り込み用油脂：生地中のグルテンに沿って、薄く滑らかに分散する性質が求められます。したがって、固形油脂であることが求められ、練り込むときの温度、硬さがポイントになります。硬過ぎても軟らか過ぎても、液状でもいけません（商品によっては、夏場と冬場で融点を変えているものもあります。その場合は必ず但し書きがありますので注意してお使いください）。加えて、酵素剤、乳化剤、風味液などを含み、分散の難しいものを均一に分散させることも出来ます。

折り込み用油脂：クロワッサン、ペストリーなどに使われますが、生地と合わせる際に、割れずに生地とともに延びる優れた可塑性（粘土のように変形しやすく、そのままの形を保つ物性）が要求されます。とはいえ、上質の折り込み生地を作るには、折り込み油脂の品質に依存するだけでなく、折り込みに適した生地の硬さ、発酵状態も大切です。加えて、折り込み用油脂も冷蔵庫から出したての硬いものを使うのではなく、室温でそれなりに戻し、生地と合わせる前に油脂のみを、あらかじめ、めん棒で延び癖をつけておくなど、それなりの配慮、心遣いは必要です。

フライオイル：生地を油で揚げる際の専用油脂です。これで揚げることにより生地中の水分が気化し、蒸発した水分とフライオイルが入れ替わって生地中に入り込みます。その量を吸油率と言い、ドーナツの美味しさの源泉になっています。一般的にはイーストドーナツで15％、ケーキドーナツで25％と言われています。

フライオイルには常温で液体のものと固体のものがあり、液体のものはドーナツにジューシー感をもたらしますが、包装時にべたつき、包材を汚します。固体のものはべたつかず、冷却時に縮むこともありません。ドーナツはパンの定義である「焼成」という工程が入りませんので、分類的にはパンではなく、油菓に分類されます。食品添加物使用の時には要注意です。

離型油：焼き型や天板とパンがはがれやすくするために塗る油脂のことで

す。従来から使われている塗布タイプの他に、噴霧タイプが多くなっています。生地配合によっては型離れの悪い製品も多くなっています。両方の併用も含めて、コストだけではなく生産性、商品価値の向上も考慮する必要があります（私は型離れの悪いバナナブレッドなどは固形油脂を塗り、小麦粉を振りかけ、その後に液状油脂を噴霧しています）。

② トランス脂肪酸とは

　欧米諸国の死因第1位が心疾患であり、その主因が飽和脂肪酸とトランス脂肪酸の摂り過ぎと言われています。そんなこともあり、米国では2006年1月から加工食品中のトランス脂肪酸量の表示が義務づけられています。しかし日本においてはそもそも脂肪、飽和脂肪酸の摂取は少なく、リノール酸などの多価不飽和脂肪酸を多く摂取しているため、影響が少ないと考えられています。

　トランス脂肪酸含有率の多い食品はマーガリン、ファットスプレッド、ショートニング、ファーストフード食品、フライドポテトなどです。

　2007年の食品安全委員会の調査報告では、1日に摂取するトランス脂肪酸の平均は、全カロリー中で米国では2.6％で、日本人は0.3〜0.6％です。このように、日本人はWHO勧告にある1%未満をクリアしていることから、通常の食生活では健康への影響は小さいと結論付けられています。

7　卵

　パンに使われるのはほとんどが鶏卵です。生卵の他に、加工卵として殻を取った液卵、冷凍卵、粉末卵、冷凍加糖卵黄等様々な加工卵がありますから、目的に応じて使い分けることをお勧めします。使用目的としては次のような効果があります。

① **クラム・クラストの色調（色、艶）を良くします。**
② **卵黄中のレシチンが乳化剤として働き、生地を改良し老化を遅くし、ボリュームも大きくします。特に油脂の多い生地には効果を発揮します。**
③ **栄養価を高めます。**
④ **起泡性はあまりパンには必要ありませんが、軽く起泡して添加した方がボリュームアップ効果があるともいわれます。**
⑤ **熱凝固性は骨格の形成、ガス保持力の改善に効果があり、腰折れを防ぐ対策として卵白を5％程度加えることもあります。**

　ちなみに基本知識として一般的には卵黄：卵白：卵殻比率は3：6：1であること、卵黄：卵白比率が1：2であること、水分が全卵：76.1%、卵黄：

48.2％、卵白：88.4％であることは知っておいてください、生卵を使う場合はその76.1％が水分ということを考えて、加水量には注意してください。加えて、アレルギー表示は必須です。

蛇足ですが、卵にまつわる都市伝説はたくさんあります。①白玉より赤玉の方が栄養があり、美味しい（→殻の色は鶏の種類によるものです）。②卵黄の濃い方が栄養がある（→卵黄の色は鶏に与える飼料によるものです）。お客様に間違ったアピールをしないよう気をつけてください。

8 乳製品

パンには粉乳（脱脂粉乳、全脂粉乳）が多く使われますが、牛乳、練乳、加糖練乳等も使われます。その使用目的としては次のことが挙げられます。
① 栄養を強化（特にリジン、メチオニン、トリプトファンなどの制限アミノ酸の補強）します。
② 味・香りが向上します。
③ トースト性を良くします。
④ 老化を防止します。

9 水

水は基本原料の一つであり、最重要原料の一つです。

日本の水は全国各地、多少の事情は違ってもほとんどがやや軟水と、製パン性に支障のない硬度です。お店を立ち上げるときなど最初の水質検査は必要ですが、水道水を使っている限りはあまり心配することはありません。まれに、地域によって硬度が高かったり、浄水場の近くで塩素が強すぎたりすることもありますが、それも地域を調べるとわかることです。

私の借りたお店は地下水使用でした。もちろん契約前に水質検査をしましたが、1年間空き店舗であったこともあり、何となく水の匂いが気になりました。丸1日水を流しっぱなしにすることで匂いの消えることを祈りましたが、結局消えることはなく、高い下水道代と水道設置代を払うことになりました。

もう一点、蛇口から出てくる水は水道水とは限りません。ビルなどの貯水タンクを経由してくる水にはご注意下さい。

第2部
製パン工程

PROCESSES

あなたの製パン知識をチェック！

Q.3

ミキシングの後半にレーズンを入れるときは、
中速で素早く混ぜるのがよい。

□　〇　　　　□　✕

答え　➡　P.126
解説　➡　P.25

Q.4

焼き上がりのパンの塩分を聞かれたら、
配合表のベーカーズ％で答えるのがプロだ。

□　〇　　　　□　✕

答え　➡　P.126
解説　➡　↓

〈解説〉
　パン生地配合を考える場合、ベーカーズ％が最も有効な方法です。しかし、お客様にとっては百分率（通常の％）が参考になります。
　例えばよく焼いたフランスパンなどで塩味を強く感じることはありませんか？
　フランスパン生地の塩分濃度は $2/172 \times 100 = 1.16$、食パン生地の場合は $2/185 \times 100 = 1.08$、ブリオッシュ生地の場合は $2/242 \times 100 = 0.83$ です。
　焼き上がったパンは、さらに異なります。フランスパンの焼減率は22％が基準なので $2/(172-22) \times 100 = 1.33$、プルマン型食パンは10％なので $2/(185-10) \times 100 = 1.14$。こう考えるとひと口に頬張るパンの食塩量はパンによってかなり違うことがわかります。食べ手の身になって塩分を考えることもプロの仕事です。

1. 原材料の選択

　これからは差別化、個性化の時代です。原材料もできるだけ特徴のある、他店とは差別化できるものを選ぶことです。原材料は最終商品の基礎になるものです。加えて、一度使い始めるとなかなか変更することは難しくなります。そのことを考えて慎重に選んでください。

　一方で、原材料も日々進歩しています。良いものが出てきたら果敢に挑戦し、テストして決断してください。

2. 原材料の計量

　計量の原則は、少ないものほど正確に測ることです。小麦粉、水など量の多いものはそこそこいい加減でも、あとで調整が出来ますし、最終製品にはそれほど大きな影響はありません。しかし、塩、パン酵母、製パン改良剤等の少量のものは、いい加減だと大きなツケが最終製品に出ることになります。そのために、少量原料のものは％表示でも小数第1位まで、大量原料のものは整数での配合表示になっています。

3. ミキシング（混捏）

　私の知っている最高の製パン技術者であり、オーナーでもある方は、今でも全ての生地を自分で仕込んでいます。それほど、ミキシングは最終的なパンの品質、味を左右する大切な工程です。

　今回も基本的なミキシング速度・時間は書きますが、あくまでも基準です。小麦粉の種類、配合バランス、ミキサーのタイプ、仕込み量、生地温度、生地の硬さ、これらが少し違ってもミキシング時間は違ってきます。それらを全て理解してミキシングのファイナルポイント（最適ポイント）を決めるのが技術・経験です。加えて、自分が思い描くパンのボリューム、食べ口、味、老化等々、これからパンを一生の仕事として始め、極めるなら、自分が作りたいと思うパンを想像し、そのための配合、工程、ミキシングの程度を決め、作ってみて、食べてみて、思い描いたパンにどこまで近づいているか考えてみることです。パンはレシピ通り作れば素人にも作れます。でも、本当に美味しいパンを作ろうとすると一生かかっても難しいものがあります。それほどパンは間口が広く、奥も深いのです。

◎ アンミキシングとは

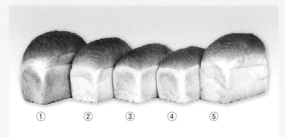

① ② ③ ④ ⑤

写真を見てください。適切にファイナルステージまでミキシングしたものが①の写真です。その後に低速2分（②）、さらに低速2分（合計低速4分（③））、さらに低速2分（合計6分（④））とミキシングをかけることでパンボリュームは明らかに小さくなっています。さらに、その小さくなった生地を再度高速で5分間捏ねることで、パンのボリュームは元の左端のボリュームに回復しています（⑤）。

アンミキシングによるパンの品質変化

ミキシング条件	① L4ML3MH4 ↓（油脂） L2ML3MH3	② ①+L2	③ ②+L2 （①+L4）	④ ③+L2 （①+L6）	⑤ ④+MH5 （①+L6MH5）
パン容積（CC）	2190	1839	1623	1571	2167
比容積	5.60	4.56	4.01	3.85	5.56

パンの製法：食パン；強力粉100%、パン酵母（生）3%、砂糖5%、食塩2%、ショートニング4%、粉末モルト0.3%、水72%、ＶＣ30ppm、捏ね上げ温度28℃に調整、発酵時間20分

データ：（一社）日本パン技術研究所提供

　このように高速を使ってファイナルまで練った生地に、さらに低速ミキシングをかけることを「アンミキシング」と呼びます。ボリュームが小さくなるのは、高速ミキシングで生地が薄膜化した後に低速ミキシングを加えることで、せっかく薄膜化したグルテンが元の厚いグルテンに戻るためです（この現象は染色された蛍光顕微鏡写真でも可視化されています）。ほとんどの方はこんなバカなことを自分はしていないとお思いでしょう。が、レーズンブレッド等でミキシングの後半、レーズンを加えるときは低速ですか？　中速ですか？　夏場、生地温度が上がり過ぎ、氷等で冷やすときは低速ですか？　中速ですか？意外と気が付かないところでこのアンキシングをしていることがあります。

　生地が出来上がってから、低速ミキシングを使ってはいけません。バラエティーブレッド等はもともとボリュームが出ないとあきらめている方、ミキシング後半で低速を使わなくすることでボリュームを改善できます。

　最近、お店で主婦向けのパン教室を主宰しています。手仕込みでのパン作りを教えることで、ミキシングの基本を再認識しました。
① タンパク質量の多い、強い小麦粉は、強い高速ミキシングをする。
② タンパク質量の少ない、弱い小麦粉は、弱い低速ミキシングをする。
③ タンパク質量の中ぐらいの小麦粉は、中ぐらいの中速ミキシングをする。
　あまりピンとこないかもしれませんが、これがミキシングの基本です。今まで日本のベーカリーのパン作りは、高速ミキシングに耐えるタンパク質の強い、質の良い小麦を世界中から物色してくることでした。それがカナダの1CWであり、アメリカのDNSです。でも、これからは違います。

国内産小麦、あるいは地元産小麦を使おうとした場合、その小麦の特性に合ったミキシングを考えなければなりません。配合は、工程は、吸水は、ミキサーのタイプは、回転速度は、クリアランスは、その土地で、その地域で栽培される小麦があって、その小麦を最大限に生かすパンを作る。それが本来のパン作りです。パン配合・工程・設備に合う小麦を物色するのは本来の姿ではありません。もちろん、これまでのパン市場を維持するためにはそれも必要です。しかし、これから特徴があり個性のある国内産小麦、全粒粉、穀粉等を使いこなそうとする場合は、原料（小麦粉、穀粉）に合わせたパン作りの手法を検討することはもっと大切になります。

　ミキシングの3原則は「たたく、延ばす、たたむ」です。しかし、この3つの要素が均等である必要はありません。その要素が一つでもあれば生地結合は進みます。極端な例ですが、「オートリーズ」でただ寝かせる（生地を休ませる）だけでもグルテンは延びていきます。小麦粉に合ったミキシングとはどのようなものなのか、この小麦粉にはこのミキサー、このミキシング方法が最良なのか、もう一度考えてください。

4. 一次発酵

　何といっても美味しいパン作りに大切なのは発酵です。これまではパン酵母による発酵のみを考えればよかったのですが、これからの美味しいパン作りにはパン酵母の発酵力と同時に、乳酸菌の作り出す有機酸、アミノ酸、さらに言えば抗菌物質等、発酵種（サワー種）による発酵と熟成のバランスも大切になります。とは言え発酵種を使わない製パン法もあるわけですから、まずはパン酵母だけを使っての一次発酵からご説明します（パン酵母と併用して発酵種を使う場合、あるいは発酵種のみを使って乳酸菌の活躍を期待するときは4〜6時間の発酵時間ではとても足りず、24時間、48時間の発酵時間が必要になります）。

　発酵とは酸化と熟成のバランスと私は考えています。酸化とは文字通り生地を酸化してグルテン構造を強め、ガス保持を良くし、弾力を与える現象です。一方、熟成とは時間の経過と共に有機酸や遊離アミノ酸が増加し、生地が軟化し、伸展性を増すことと思っています。

　製パン原料、製パン工程の全てはこの酸化と熟成に関わっていますが、その影響度、スピードには大きな違いがあります。多めのパン酵母量、ビタミンCのような酸化剤、高温の捏上温度・発酵室等は酸化を促進しますし、反対にモルトや少なめのパン酵母量、低温の捏上温度・発酵室等は熟成を促します。

　これまで私はY=Xのような、酸化（Y）と熟成（X）がちょうどバランスよく進行することが美味しいパン作りの基本と考え、そのように配合を

CoffeeTime ☕ パン生地のガス発生力とガス保持力

　パン生地は発酵中、パン酵母が糖を食べて炭酸ガスとアルコールを出します。その炭酸ガスをグルテン膜が包み込み、ふっくらとボリュームの大きいパン生地に成長するわけです。

　ガス発生力を促進するものとしてはパン酵母量、食塩量、砂糖量、モルト量、水の水質と量、生地温度、発酵室温度、発酵時間、パンチの有無、ベンチタイム、ホイロ温度・時間等があります。一方、ガス保持力を促進するものとしては小麦粉の質・タンパク質量、製パン改良剤（イーストフード）の質と量、食塩量、油脂の種類と量、水の水質と量、ミキシングの程度、生地温度、パンチの回数と強さ、丸め・成形の方法と強さ等があります。

　しかし決して、ガス発生力とガス保持力が両方、強ければ良いという単純なものではありません。ガス発生力が弱くても、長時間かけて発酵を取ったものはそれなりの味の深みと旨味が得られます。ガス発生力の強いものは発酵時間が短くて済み、その分グルテンの結合が弱くなります。したがって焼き込み調理パンや焼成後、調理をするパンには食べ口がサクくなり、美味しく食べられます（その典型といって良いパンがドイツのカイザロールです）。

決め、工程を考えてきました。でも最近は少し考えが変わってきました。むしろ酸化を抑え、熟成に片寄った $Y=\frac{1}{2}X$ のような発酵の方が美味しいパンを作るのではないかという考えです。もちろん、美味しさは人それぞれで、一概に言えるものではありません。でも、美味しさは人により、時代により、年齢によっても変わるものだと思うようになりました。

5. パンチ

　一次発酵の途中で生地を折りたたみ、ガスを抜くことをパンチと言います。その目的としては

① 生地中のパン酵母の周りは自分が出した炭酸ガスで覆われ、酸素不足になっています。パンチをすることでその炭酸ガスを除き、酸素を供給します。

② 生地に力をつけます（加工硬化）。

③ 生地の中心部と外側の温度を均一にします。

④ 食べ口、味を改良します（クラムの弾力が強くなり、しっかりした食べ口になり、香りもさわやかになります）。

等が挙げられます。

　リテイルベーカリーではパンチをしないノーパンチ製法を採用しているところもあります。この製法は内相・気泡が均一でパンもソフトに焼き上がりますが、反面、香りが弱く、歯ごたえのないパンになることもあります。見た目だけでなく商品を決めるときは必ず食べてみることです。

　ところで、意図的ではなく、もし、うっかりパンチを忘れたらどうするのか、パンはどうなるのか？　考えてください。私は食パンについていえば、パン酵母（生）を3％以上使った場合にはパンチをしません。通常の配合ですとパン酵母を3％使うと発酵時間は60分になります。2.5％なら60分後にパンチをして後30分の発酵でしょうか。2％なら90分発酵を取った後にパンチを入れて残り30分発酵となるでしょう。しかし、90分のパンチを忘れて100分で気が付いたら弱いパンチを入れて、残り20分発酵を取ります。どうしても作業が重なり80分でパンチを入れなければならない時は、強めのパンチを入れて残り40分の発酵を取ることになります。（同じ力でパンチをしたとき、そのパンチの効果はパンチまでの発酵時間が長いほど効果が大きくでます。したがって、通常のパンチタイミングより遅くなった時は弱い力でパンチをし、早めにパンチをするときは効果が少ないですから、通常のパンチより強いパンチをします。

　このことを理解していただくために「加工硬化と構造緩和」についてご説明します。パンを作ろうとすると、ミキシング、一次発酵、パンチ、分割、ベンチタイム、成形、ホイロ、焼成といろいろな工程を経なければなりません。でもこの工程は全て、「加工硬化」と「構造緩和」の2つに集約されます。言い換えると、生地に力を加え「加工」すると必ず「硬化」が起こり、生地を休ませると「緩和」が起こるということです。外から力を加え生地を締める工程であるミキシング、パンチ、分割、成形は全て「加工硬化」です。生地を休ませる一次発酵、ベンチタイム、ホイロ等、静かに静置する工程は全て「構造緩和」と呼びます。本来は金属加工で使われる言葉ですが、小麦粉を使って生地を作るうどん、そば、皮物、全てに当てはまる考え方です。**大原則は必ず「加工硬化」と「構造緩和」は交互でなければいけない**ということです。この大原則を守らないとへそあんパンが出べそになったり（包餡した後〈加工硬化〉に、15分ぐらい休ませて〈構造緩和〉からへそをつけると出べそにはなりません）、バナナのように湾曲したドックロールが出来たり（モルダーから出てきた〈加工硬化〉ロール生地を5分ほど休ませて〈構造緩和〉から天板に並べると湾曲しません）、クロワッサンの三日月の形が揃わなかったり（三角の生地をロールした後〈加工硬化〉休ませ〈構造緩和〉、5分後に三日月形に成形すると形の揃った三日月になります）します。

6. 分割・丸め

　分割には秤を使って手で分割する定重量分割と、機械を使ってある一定の大きさで分割する定容積分割があります。手分割の場合は生地を傷めませんが時間がかかることによる発酵時間のバラツキがあり、機械分割（ピ

ストンデバイダー）の場合は圧縮・スライドすることによる生地損傷があります。同じ機械分割でもフランスパンに使われる加圧式分割丸目機は生地にストレスを与えず、生地を圧縮することで生地中の炭酸ガスを生地中の自由水に溶け込ませ、それが窯の中で気化することでオーブンスプリング（窯伸び）を助ける働きもします。パン生地の性格を正しく理解することで機械を有効に使うことが出来ます。

　丸めに関しても、ここ（分割）での丸めと成形での丸めは意味が違います。分割後の丸めはそのあと成形しやすい形にすることが目的です。あまり生地を強く丸め過ぎると、いたずらにベンチタイムが長くなり、生地を過発酵にしてしまいます。一方、成形での丸めはしっかり丸めることで生地に弾力をつけ、窯伸びを良くします。

　これからの時代、技術者の確保も難しくなりますし、自分の時間を確保するためにもある程度の設備投資は覚悟すべきです。

　蛇足ですが、分割丸目機を使うと乱割（らんかん、分割重量の不ぞろい）になりやすいと嫌う方がいますが、それは濡れ衣です。乱割になる場合は間違った工程を組んでいることが多いようです。分割丸目機を使う場合は生地を仕込んだ後、発酵を取る前に大分割を済ませ、ランデングプレートの8割ぐらいの大きさのお皿（鉢植えの水受け皿のようなイメージ）で一次発酵を取ることで、ひずみのない生地を分割機にかけることができ、分割の不ぞろいはかなり無くなります。

---

7. ベンチタイム

　ベンチタイムとは、分割・丸めをした生地が次の成形工程でストレスを受け、生地を傷めないように生地の構造緩和をはかる工程です。短すぎると成形で生地が傷み、長すぎると生地のガス保持力が弱くなり、いたずらにガスが抜け過ぎることになります。室温で管理することが多いですが、生地が乾かないようにし、発酵条件を27℃（ベーカリー厨房の作業環境は26 〜 27℃を基準と考えてください）から極端に外れないようにすることが大切です。一般的には食パンで17 〜 20分、フランスパンで30分です。逆に言えば、この前作業の丸めはこのベンチ時間内で生地が緩み、成形出来るような強さで丸めてください。時間になっても成形出来ないようでは分割での丸めが強過ぎたことになります。一見見過ごしがちなことですが、最終商品の品質には意外と大きな影響があります。

8. 成形

　商品価値を高め、美味しそうな形に整える工程です。とは言ってもあまり複雑な成形にしてガスを抜き過ぎると、せっかくのそれまでの発酵で得た香気や旨味成分等有用な物質を全て生地外へ放出することになり、美味しいパンを作るという目標からは遠ざかります。食パンの場合、この工程にも機械成形と手成形があります。技術が伴うなら手成形に越したことはありませんが、機械成形もモルダーのロール間隔、ベルトスピード、カーリングネットの長さと重さ、展圧板の強さを正しく調整することで手成形に限りなく近い成形をすることが可能です。

　調整するポイントを先輩から習得してください。ワンローフ、U字詰め、U字交互詰め、M字詰め、車詰め、唐草詰め等によってパンのスダチ、食べ口にも違いが出ます。一番影響が大きいのは食型に生地を何個詰めるかです。多いほどスダチが細かくなり、パンは発酵が利いた（進んだ）現象になります。

食パンの型詰め

上面 ── ワンローフ

上面 ── U字詰め

上面 ── U字交互詰め

上面 ── M字詰め

側面 ── 車詰め

側面 ── 唐草詰め

9. ホイロ（二次発酵・最終発酵）

　いよいよ最終発酵です。一般的にはホイロ条件は食パンや菓子パンなら38℃、85%、フランスパンやドイツパンでは32℃、75%、クロワッサンやデニッシュペストリーであれば27℃、75%（バター使用の場合）、そしてドーナツでは40℃、60%（乾ボイロ）が一つの目安とされています。他のパンはさておき、とりわけ食パンに関してはこの温度、湿度が上限と考えて下さい。これより低いぶんには一向にかまいません。時間的に許すのであれば温度の低い方が窯入れの最適タイミング（許容範囲）が長く取れます。

　フランスのMOFであるディディエ・シュエ氏が（一社）日本パン技術研究所（以下、パン学校）で講習した際、ほとんどのパンの一次発酵とホイロを25℃以下で取り、バゲットは15℃で3〜4時間、コンプレ&セーグルなども25℃で3時間でした。その後、パン学校が確認したところ、ホイロ温度を低めに取り、生地温度が低めでも窯伸びはよかったという実験結果を発表しています。慣れないうちはホイロの最終タイミング、つまり最適な窯入れのタイミングをつかむのがとても難しく、不安に駆られることもあります。でもご安心ください。慣れてくると生地表面の気泡の大きさ、生地を揺らしたときのゆれ具合、指で軽く触った時の弾力等から不思議なことに窯入れするベストタイミングが分かり、身についてきます。

　気をつけたいのはプルマンブレッド（角型食パン）のように生地の窯伸びを予想して窯入れをする場合です。私が心掛けているのはいつもの時間より短時間でホイロが出る（いつもの窯入れのボリュームに達する時間が早い）ときは、その分窯伸びも良く（大きく）なりますから、それを見越して早めに（ホイロでのボリュームが小さい段階で）窯入れすることです。逆にホイロの出が遅い時（生地のボリュームが窯入れの大きさになるまでに時間のかかる時）は、その分窯伸びも悪くなりますから、さらにホイロ時間を長め（生地ボリュームを大きめ）に取ります。つまり、いつも同じ時間、同じ高さ（ボリューム）で窯入れしてはいけないということです。

Coffee Time ☕　**塗り卵の考え方**

　私は生地の配合、特に砂糖の配合量によって塗卵の濃さを変えています。フランスパンには卵白（スチーム装置のない窯の場合）、テーブルロール、菓子パンには全卵に対して50%の水で薄めたもの、スイートロール、ブリオッシュには全卵といった感じです。そうすることで塗卵をした部分と生地の部分の焼き色の差が目立たずしっくりとした外観に収まります。

10. 焼成

　パンの技術者として通用するためには、製パン工程の全てに精通していないと周りは認めてくれません。でも、焼成だけは例外です。焼成を完璧にこなせる技術者であれば、それだけで普通以上の技術者として認められ、尊敬されます。私も経験していますが、同じ生地でも焼く人によってパンの焼き色が違ってくるのです。どこが違うのか、未熟な私には理解できませんが、本当の技術者が焼いたパンはそれはそれは美味しそうな顔をしています。

　原則は高温短時間焼成です。このことによってクラスト（皮）の薄い、クラム（中身）のもちもちしたパンが焼けます。高温で窯入れすると明らかにパンの艶がよくなります。私は塗卵をする生地以外は全てプルマン食パンでも蒸気を入れます。このことによって蒸気の凝縮熱（気体の蒸気が冷たいパン生地に触れることで水滴に変わりその時、凝縮熱 539kcal を生地表面に供給します。この熱量がパン生地表面を急激に α 化し、内部への熱伝導を促進するとともに、素晴らしいクラストを作ることになります）と気化熱（生地表面に付いた水滴は生地の温度上昇とともに水から気体に変わりますがその時、気化熱 539kcal を生地から奪い、生地の温度上昇を一時的に遅らせることになります。このことによって高温の窯内でオーブンスプリングを続けることが可能になります）を有効に使うことが出来ます。

　固定釜（ピールオーブン）で食パンを焼くとどうしてもパンの側面の色付きが弱くなります。固定釜は熱の対流が弱く、食パン型の間隔が狭いとなおさらいつまでも食型と食型の間の温度が上がりません。そんな時は蒸気を入れて窯内に対流を起こしてください。蒸気の持つ熱量と対流により、

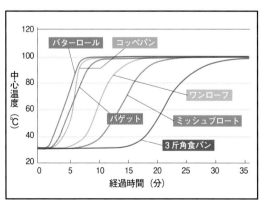

焼成時のパンの中心温度の変化

**焼成開始から中心温度が
98℃になるまでの時間**

	分割重量 (g)	98℃ 到達時間 (分)
バターロール	50	8
コッペパン	80	9
バゲット	350	10
ワンローフ	400	17.5
ミッシュブロート	600	22
3斤角食パン	1560	35

データ：（一社）日本パン技術研究所提供

高温の熱が食型と食型の狭い隙間に流れ込み、パンの側面の色付きを良くします。

　もう一点、極端な例ですが、その日初めての窯入れの時は窯内に水分がありません。そんな状態を荒釜（あらがま）と呼びますが、蒸気の無い高温の窯にロールパン生地等を入れると、窯入れと同時にクラストがセット（固定）され、窯伸びが止まり、生地が乾いてむら焼けの状況になります。食パンのように6％前後の砂糖が入っている場合、店のオーブンでは240℃で入れて蒸気を出し、220℃に落として37分（食パン3斤棒の98℃の到達時間は35分です。＋2分は安全率）（3斤型）で焼き上げます。

　さて、焼き上がって安心していてはいけません。ショックを与えることをお忘れなく。オーブンの中は220℃の高温です。パンの内部温度は限りなく99℃に近い温度になっています（パン内部には40％前後の水分が存在しますから、100℃以上にはなりません）。オーブンから出した食パンをそのまま27℃の室温に静置すると、パン内部の気泡（スダチ）は確実に収縮して、食パンはケービング（腰折れ）やトップケービング（パンの上部が凹むこと）の様相を呈します。熱気球のバーナーを突然切るのと一緒です。熱気球の内部温度が下がり、気球がしぼんで墜落してしまいます。この現象を昔、学校で習った「ボイル・シャルルの法則※」といいます。「気体の体積は圧力に反比例し、絶対温度に比例する」です。

※　**ボイル・シャルルの法則**：ボイルの法則　$pV = k$ と、シャルルの法則　$V/T = k$ を組み合わせると、「質量が一定のとき、気体の体積 V は、圧力 p に反比例し、絶対温度 T に比例する」$V = kT/p$（k は定数）となります。

※　**上の数値をそのまま例題として使うとシャルルの法則より**

$$V/(273+99) = X/(273+27)$$
$$X = (273+27) V/(273+99)$$
$$X = 0.806V$$

　つまり、窯内部では99℃であったパンの気泡を何もせずに27℃の室温に移動すると、その時の気泡体積は0.806Vですから2割ほど小さくなります。気体の体積が小さくなると周囲の壁（膜）も内部に引っ張られ、パンは凹みます。この現象をケービングと言います。

　そうなる前に、ショックを与えて気泡に亀裂を作ることで、内部の高温の気体と外の冷たい外気を入れ替えるのです。そうすることで商品価値を損なうケービング現象（腰折れ）を回避することが出来ます。その効果は食パンはもちろんですが、菓子パン、クロワッサン、ペストリー、スポンジケーキ、特にパイなどでも見ることが出来ます（P.125参照）。

　蛇足ですが、焼き上がった食パンは必ず平らなところに置いてください。

下が湾曲した台だとそれもケービングの原因になります。

　パンの味・香りの７割は焼成によって作り出されると言われます。その証拠に、焼き上がったパンを時間を置かずそのクラストを切り取ると、残ったクラムの味・香りは半減してしまいます。焼成によるメイラード反応※、カラメル化※で出来たクラストの味・香りがクラムに移って、パンの美味しさになる効果が大きいのです。

※ **メイラード反応**：糖とアミノ酸が反応して、褐色物質（メラノイジン）を生成する代表的な非酵素的反応（褐変反応・化学反応）です。アミノ・カルボニル反応とも呼ばれ、常温でも反応していますが高温になるほど、その反応速度は早まります。パン外皮の黄金褐色はその８割がメイラード反応と言われ、パンの美味しさの最も重要な要素の一つになります。

※ **カラメル化**：糖が加熱によってその水分が失われることによる重合反応で、糖の種類によりその反応温度は変わります。一番低い温度が果糖の110℃（スポンジケーキなどに蜂蜜を使うと底が赤っぽくなるのは、蜂蜜の主成分が果糖のために起こるカラメル化現象です）、乳糖130℃、ブドウ糖、ショ糖は160℃、麦芽糖は180℃です。臭気物質（香気成分）も同時に生成します。

11. 冷却

　パンは包装するにも、スライスするにもある程度の冷却が必要です。空気中にも雑菌、粉塵が存在します。大きな工場では冷却室が設置され、ヘパフィルター（除菌フイルター）を通し、ある程度除菌され、冷却段階（ゾーン）によって温度管理された空気が送り込まれています。リテイルベーカリーではそこまで要求されませんが、出来るだけ汚染の少ない環境での冷却を心がけてください。

12. スライス・包装

　毎日、スライスしているとスライサーの切れ味が変わってきます。スライサーの切れ味を常に最良の状態にしておくことは、製パン器具の管理としては基本中の基本です。オーナーが自ら気にしていただきたい事柄ですが、そうもいかない場合、少なくとも管理責任者を決め、常に最良の状態で使えるようにしてください。

　食パンは中心温度が38℃以下でスライスするのが良いと言われています。焼き立てをスライスせざるを得ない時も多々ありますが、お客様にはスライス面が荒れる、形状が崩れやすいなどのお断りを入れるくらいの配

Coffee Time ☕ 「リラックスタイム」というのもあります

生地玉でも成形でも、冷蔵・冷凍する際はできるだけ速やかに生地を冷やすのが原則です。しかし、丸め・成形した直後の生地表面は明らかに傷んでいます。傷んだままの生地を冷気にさらすと傷んだところがカサブタとなり、回復しません。丸め・成形した生地は5分でもいいので常温に置いてください。その間、発酵することで生地損傷部分が回復し、最終製品の品質・クラストが良くなります。私はこの時間を「リラックスタイム」と呼んでいます。

まぎらわしいのはリラックスタイムとフロアタイム、ベンチタイムとの違いです。

フロアタイムとベンチタイムは製パン工程の一環であり、「構造緩和」という役割があり、次の工程へスムーズに移行する準備工程です。一方、リラックスタイムは製パン工程とは意味合いの異なる、生地損傷を回復するための時間とお考え下さい。

慮は必要です。

余談ですが、スライサーを毎日研いでいると意外と刃の減るのも早いものです。円盤刃の場合、刃が1cm減ると付属の丸砥石が刃に届かなくなります。パートさんに任せておくと研いだような気持ちになって、切れないスライサーを使うことになり、台無しの食パンをお客様にお渡しすることになります。切れないスライサーを使うほどストレスのたまるものはありません。いつも日本刀並みの切れ味を確保してください。

ちなみに、ベーカリーで一番事故の多いのがスライサーです。くれぐれも油断しないこと。慣れてきたころが一番危ないと言います。声を掛け合って初心を忘れないようにご注意ください。

リテイルベーカリーでは鮮度感を演出したくて、クーラーの利いた店頭でいつまでもパンを裸のまま陳列しているのを見かけますが、ぜひ、夕方、自分で食べてみてください、そのパサパサ感に驚くことになります。

パンの老化の主要因は水分の飛散なので、極端な話ですが窯から出た瞬間からパンは老化を始めています。窯出し直後の食パンを秤に乗せてみてください。さらに、10分後、20分後、30分後、1時間後の重量を記録してください。その変化の大きさに驚くはずです。以上のようなことから、パンは粗熱が取れ、袋に水滴が付かないタイミングで、出来るだけ速やかに包装すべきです。

包装のタイミングは大切な製パン工程の一つです。パートさんに任せるのではなく、適切なタイミングでの包装は美味しいパンをお客様に提供する最後のポイントですから、オーナー自身が判断して指示するようにしたいものです。

第3部

製パンの基本と応用

BASIC and ADVANCED

（1）基本のパン

（2）プロ必須のアイテムとその製法

（3）店の技術力が示せるドイツパン

クイズ

あなたの製パン知識をチェック！

Q.5

歯切れのよいサク味と、
口当たりのしっとり感を同時に得るには、
国産のめん用粉を併用するとよい。

☐ ○　　☐ ×

答え　➡　P.126
解説　➡　P.56

Q.6

1人作業で時間に追われるときは、
温度も湿度も低くすれば
窯入れタイミングの許容時間は長くなる。

☐ ○　　☐ ×

答え　➡　P.126
解説　➡　P.31、58

1 基本のパン

食パン White Bread (Pullman Bread)
（ストレート法）

今は空前の食パンブームです。最も一般的な配合は小麦粉100%に対して塩2%。砂糖6%、粉乳2%、バター5%、水70%といったところですが、以前に「美味しい食パン」というテーマで講習会をしたとき、砂糖を6、8、10、12%と増やしていき、どの量が一番おいしいと感じるかをモニタリングしたことがあります。その結果は10%まではほとんどの方が甘いとは感じず、むしろコクがあっておいしいとの反応でした。さすがに12%になると甘いという感想があり、毎日食べるには抵抗があるようですが、やはり甘さは旨さのようです。

最近話題の「高級（生）食パン」には生クリームが入っています。それに加えて、蜂蜜だったり、湯種だったり、よりもちもち感を演出する原材料を加えています。これは一例ですが、大手ベーカリーとは違う味を打ち出すことも一つの方法かと思います。

そもそも日本の食パンには長い歴史があります。明治10年、西南戦争が終わったころから東京周辺にはイギリス人が多くなり、当時イギリスの植民地であったカナダから小麦粉を輸入し、横浜を中心に増え始めたイギリス人、アメリカ人向けに、ベーカリーが食パンを焼き始めます。

輸入小麦粉が増えることで明治30年代になると日本製粉、日清製粉（当時は舘林製粉）といった国内製粉メーカーが創業し、ロール製粉機を使った白い小麦粉が売り出されるようになります。

第2次大戦直後はいろいろな製法でパンが焼かれています。しかし、それもリテイルベーカリー[1]の直捏法（じかごね）（ストレート法）と大手製パン企業（ホールセールベーカリー[2]）の70%中種法（なかだね）（スポンジ法）に集約され、日本中のパンがこの2つの製法で焼かれ、もうパンの発展は終わったかのような時期もありました。しかし、ここにきて発酵種法、湯種法、冷蔵法などよりおいしく、生産性も加味して、日本人の嗜好にあった製法が開発され今の繁栄につながっています。ここでは、パンの基本である食パンを、基本的な配合と基本的な直捏法（ストレート法）で紹介します。

※1　**リテイルベーカリー**
　　　製造と販売が同一店舗内で行われているベーカリーをいいます。
※2　**ホールセールベーカリー**
　　　卸売ベーカリーを指しますが、日本では一般社団法人パン工業会21社の
　　　大手ベーカリーを指すこともあります。

◎配　合

	%
パン用小麦粉（カメリヤ）	100
パン酵母（生）	2
製パン改良剤（C オリエンタルフード）	0.03
塩	2
砂糖	6
加糖練乳	3
バター	5
水	70 〜 72

◎工　程

ミキシング	L 2 分 M 4 分 H2 分 ↓M 3 分 H2~3 分
捏上温度	26 〜 27℃
発酵時間（27℃、75%）	90 分　P　30 分
分割重量	230g×6(型比容積　4.0)
ベンチタイム	20 分
成形	6 個・U字交互詰め・ 3 斤型
ホイロ（38℃、85%）	40 〜 50 分
焼成（240 → 220℃）	37 分

【原材料】

● 小麦粉

　一般的にはパン用粉（強力粉）を使うわけですが、まれにサクさを出したくて中華めん用粉を使う方もいらっしゃいます。つまり、タンパク質量の選択の幅は広いということです。しかし、灰分量の選択の幅はある程度限られています。プルマンブレッドの場合は焼減率が 10%程度と少ないのが特徴です。その場合は灰分量の少ないものを選びます。灰分が多いと、極端な例えですが、炊いた玄米をおひつに入れて翌日まで置くとむれ臭がしてくるのに似ています。

　タンパク質量は多いとボリュームがあり、ソフトで老化の遅いパンに焼き上がりますが、多過ぎるとトーストした直後のサクさは驚くほどですが、冷えた時の引きの強さも驚くほどです。ほどほどのタンパク質量をおすすめします。

● パン酵母（イースト）

　ほとんどの方はパン酵母（生）をお使いだと思います。まれに家庭製パン出身でベーカリーを開業した方の中にはインスタントドライイーストを使い続けている方もいますが、生のパン酵母に切り替えることをお勧めします。換算式がありますのでそんなに難しいことではありません（P.12 参照）。一歩踏み出す勇気だけが必要です。

　パン酵母（生）は常温の水に溶かすのが原則ですが、10 分以上ミキシング時間のある生地は、水に溶かさず直接小麦粉に添加してもパン酵母が偏在することはほとんどありません。各パン酵母会社からいろいろなパン酵母が発売されています。昔から使っているという理由だけで最新のパン酵母を検討しないのは、怠慢と言われても仕方がありません。それほど最近のパン酵母の改良には目を見張るものがあります。

　小さなお店で何種類ものパン酵母を使うのは大変です。でも最近はスクラッチ製法、冷蔵法、

冷凍法、高糖生地となんにでも対応するスーパーマン的なパン酵母も発売されています。

● 塩

私も開店当時は天日塩や甘塩を使っていましたが、最近は食塩に切り替えました。理由はありませんが、もっと本質的なところで差別化したいという意識はあります。

● 砂糖

お店で使っているのは上白糖です。グラニュー糖、黒糖、粉糖も使っていますが明確な使用理由のないものは全て上白糖に統一しています。

● 乳製品

パン食で一番不足する制限アミノ酸はリジンです。ですから乳製品をなんらかの形で使うことをお勧めします。業務用としては脱脂粉乳を使うことが多いですが、購入単位が大きすぎることもあり、お店では加糖練乳を使っています。食パンでミルクの香りを出すのはなかなか難しいですが、そんな中では練乳が一番効果的だと思っています。

● 油脂

食パンはリテイルベーカリーの生命線です。すべての原料にこだわることが必要ですが、特に油脂に何を使うか？　自信をもってお客様に説明できるものをお使いください。

● 水

日本の水道水はどこの水も美味しいです。当店のある千葉県佐倉市も、昔は地下水を使っていてその美味しさを自慢していましたが、今は印旛沼の水が水源になっています。お宅のお店の水道水の水源を確認することも大切です。

【工程】

▶ ミキシング

私は食パンの低速は2分で、菓子パンの低速は4分に増やします。低速の目的は均一混合ですから食パンは2分で十分です。できればここで加水量を決めてください。ミキシングの段階によって手に感じる生地の硬さは変わってきます（生地がまとまってくるほど硬く感じます）。

加水量はいつも同じタイミング（ミキシング時間）で決めることが大切です。中速、高速を使ってミキシングトータル7割のところで油脂を入れます。油脂入れの間も私は中速を使います。低速ではいたずらにミキシングが長くかかりますし、アンミキシングの心配もあります。ミキシングのファイナルを決めるのは、いつも難しい事柄ですが、迷ったら長めにすることです。怪我が少なくてすみます。ただし、ライ麦パンの場合は迷ったら短めにします。

▶ 一次発酵

発酵食品であるパンには一番重要な工程です。にもかかわらず第一発酵室を持たないベーカリーが意外と多くいらっしゃいます。できれば厨房を作る時は、まず最初に第一発酵室の場所を確保して設備を準備してください。それが出来ない時は断熱機能の高い大型ボックスが売られていますので、それを使います。それもダメなら発泡スチロールの大箱と厚手のビニール袋で代用してください。

厨房内に生地を置くときは天井に近いほど温度が高く、床に近いほど温度が低いことを思い出して、季節に応じて生地を置く場所を変えてください。

製パンの3要素は「温度、時間、重量」です。厨房・作業室の温度は26～27℃が基準です。可能な限りこの温度に近づけてください。あるいはこの温度に近い場所を探してください。

▶ パンチ

私が独身のころ、やっと週休1日から隔週土曜日がお休みになりました。当時、品川パシフィックホテルにいらした福田元吉氏（初代ジャパンプロフェッショナルベーカーズ友の会会長、ホテルオークラベーカー長、イワン・サゴヤンの2番弟子）のもとへパンを習うべく、隔週通っていました。

皆さんは正しいパンチの仕方をご存知ですか？ パンチの最大の目的は加工硬化と気泡の大きさを均一にすることです。福田氏のパンチの仕方は、仕込んだ生地をたっぷり脂を塗った大きめのボウルに生地を入れて発酵を取り、パンチのタイミングになったら作業台の上、30cmぐらいの所でボウルをひっくり返し、生地を作業台の上に落とし、あとは上下、左右から3つ折りにして再びボウルに戻すだけです。お分かりですか？ 素晴らしいパンチの仕方です。

パン生地内の気泡は大小さまざまな形で混在しています。気泡の内圧はその半径に反比例します。$P=2T/R$（P：気泡の内圧、T：気泡膜の張力、R：気泡の半径）です。つまり、気泡が大きいほどその内圧は小さく、30cmの高さからパン生地を落とすと、生地全体に均一な力が加わり、ある大きさ以上の気泡は全て破泡し、消滅します。一度の作業で生地全体の気泡を均一なものにしているのです。

もう1点、福田氏に教わったのが「つっこみ」です。全ての生地はミキシングが少なめで、その生地を作業台にあけ、大きなボウルでふたをしておきます。15分ほど放置しておき、生地が緩んできたところで強めに生地をたたみます。お分かりですか？ パン酵母は入っていますが、オートリーズ（自己消化法）と同じ考えです。少ないミキシングでも生地のつながりを良くし、かつ、生地に弾力をつけているのです。生地のミキシングは少ないほどパンは美味しくなりますが、グルテンがつながらないとボリュームは出ません。その両方を満足させる手法です。

パンチの最適タイミングを決めるのが「指穴テスト」です。生地の真ん中に軽く手粉を振り、中指にも粉をつけて生地の真上から静かに深く垂直に差します。静かに指を抜いた時に指の跡がそのまま残る時が、パンチのベストタイミングです。穴が塞がるようではパンチは早過ぎますし、生地全体が沈むようでは遅すぎます。

▶ 分割・丸め

通常通りですが、生地玉冷蔵冷凍製法の場合は肌荒れしない程度にしっかり丸めます。冷蔵期間中に生地が緩むためです。この段階で冷蔵・冷凍工程に入る場合は生地が乾かないように必ずビニールシートをかけてください。

▶ ベンチタイム

食パンの場合、ベンチタイムは17～20分が基本です。フランスパンなら30分です。長すぎても、短かすぎてもよくありません。この時間で生地が緩み、次の工程に移れるように丸めの強さを加減することです。

ここで怖いのは生地の冷えと表面の乾きです。作業場の室温は26～27℃が原則ということを思い出してください。一般にはプラスチック製の番重を使用することが多いですが、底にはキャンバス生地を敷いていますか？ それとも、何も敷いていませんか？ 何も敷かないと余計な手粉を生地底に付着させ、モルダーで巻き込んで大きな空洞を作ることがあります。キャンバス生地を使うと手粉でのトラブルは少なくなりますが、気を付けないとカビだらけのキャンバス生地を使うことにもなります。

ぜひ、ライトロンスリット（発泡スチロールの薄いシートです）を使ってください。海外の冷凍工場では多用されていますが、日本ではまだ使われている例が少ないようです。ブルー、ピンク、白があります。白は農業用、梱包用にも多用されていますのでどこのホームセンターでも安く扱っています。異物混入を気にする場

合はブルーをおすすめしますが、用途が限られているので専門業者に依頼しないとなかなか手に入りません。丁寧に使うとそれなりに耐久性も　ありますが、安いので定期的に取り換えてもそれほどの負担にはなりません。

　成形に移るタイミングは生地が緩み、芯のしこりが無くなった時点です。

▶ 成形

　食パンはモルダーを使うことが多いですが、手丸めでも、めん棒を使った手成形でもかまいません。ここでどのくらいガスを抜き、パン生地を薄く延ばせるかでパンのスダチの細かさが決まります。スダチは細かくて均一なほど良いパンと定義された時代もありましたが、最近はそんなことはありません。あまりにスダチの細かさを気にすると、いたずらにガスを抜き過ぎ、美味しい香りまで失うことになります。生地を傷めない程度にガスを抜くのが大切です。モルダーから出てきた生地に軽い弾力があるのが理想です。

　多くはU字詰め、M字詰め、車詰めなどですが、生地を折ったところが焼成後、ケービング（パンのサイドが内側に折れること）を起こすことがあります。原因はいろいろありますが、生地に張りを作ったことも原因の一つです。それを除く成形を心がけてください。

ライトロンスリット（ブルー、白）

ケービングの例。極端な例をお見せしたくて、食パンをノーショックで窯出ししてみました。サイドもトップもケービングしています。

　とはいえ、どうやって張りを除きますか？（答え：いちばん簡単な方法は生地を折らないでカットすることです。昔のモルダーには展圧板の出口の真ん中にカッターがあり、生地をカットしていました。あるいは、カットしないまでも皮一枚残す方法もあります。私は折る部分に人差し指を入れて生地を伸ばすことで張りを除いています）。

　いろいろな成形方法がありますが、それぞれに特徴があります。型比容積が4.0程度の時はU字詰め、あるいはU字交互詰めが多いようですが、それ以上軽い4.2の場合はケービングしやすくなりますので車詰めが多くなります。最近の高級食パンは、配合が良過ぎてクラストがソフトでケービングしやすいため、車詰めが多いようです。大手ベーカリーの使うパンニングマシンはほとんどがM字詰めになります。

　型詰め作業でサイドケービングやトップケービングをある程度防げます。ベテラン技術者の手元をよく観察してください。

▶ ホイロ（二次発酵）

　食パン、菓子パンではホイロは38℃、85％と書いているテキストが多いです。食パンに関してはこの温度、湿度が上限と考えて下さい。私は窯入れのタイミングを考えて27℃、75％、つ

まり第一発酵室と同じ条件にしています。この条件だと１人で作業していると全ての成形作業が終わったころにちょうど窯入れのタイミングになります。理想の方法とは言いませんが、それぞれのお店の作業条件を考えて発酵温度は柔軟に考えてください。もちろん、成形作業の終わった後のホイロ条件は32℃、あるいは35℃まで上げています。湿度は75％以下では生地に乾きが出ますので75％以上でお願いします。

▶ 焼成

　基本的には高温短時間焼成です。このことによってクラスト（皮）のうすい、クラム（中身）のもちもちしたパンが焼けます。特に窯入れ時はたっぷりの蒸気を加え、できるだけ高温でのスタートがより良いパンの艶を出してくれます。配合によっても変わりますが、食パンのように６％前後の砂糖が入っている場合、店のオーブンでは240℃に入れて蒸気を出し、220℃に落として37分（３斤型）で焼き上げます（もちろん窯内は満杯です）。

　注意すべきは焼成途中、パン型に衝撃を与えないことです。というのもパン生地は外側から焼けてきます。焼けると外側からβ-デンプンだったものが、α-デンプンに代わっていきます。焼成途中で衝撃を与えると外側のα化したデンプンと内側のまだβ-デンプンのままの境目でひずみがおこり、焼成後、その部分をスライスしてみると白いリング状の筋になっています。これを、ウォーターリングと呼びます。

　ところで、食パンを焼くときには必ず食型を使いますが、その材質には注意が必要です。当然、火通りの良い材質で離型の良いものを選ぶべきです。材質ももちろんですがテフロン加工、フッ素加工等離型性に優れた表面処理の型も出ています。安直に一番安い食型を買うと、後で後悔することになります。

　なお、くれぐれも、窯出しの際のショック療法はお忘れなく。

CoffeeTime ☕ 　夏場、パンが若く（発酵不足）なる不思議

　暑くなってクーラーを入れ始めると、パンが若くなったように感じ、不思議に思っている方はいらっしゃいませんか？　そんなはずはない、夏場はパンが過発酵になるはずなのに、パンを若く感じるのは自分の見方の間違いだ！と、試行錯誤におちいっていませんか？　私のところでも夏場になるとパンの発酵不足（若い）現象が出てきます。

　あなたの見方は間違っていません。夏場、クーラーを入れ始めるとパンは若くなるのです。理由と解決方法をお話しします。あなたのお店では少しでも良いパンをお客様に提供しようと第一発酵室で生地の発酵環境を万全に整えていると思います。この時期、まわりは暑いですから、第一発酵室のクーラーは回りっぱなしです。クーラーは発酵室の温度をどんどん冷やしていきます。当然、発酵室に入っている生地からも熱を奪うことになります。

　生地の温度を測ってみてください。普段なら発酵１時間で１℃ぐらいの温度上昇があるはずですが、全く生地温度の上昇がないどころか、むしろ、生地温度が下がっていませんか？　そうです、第一発酵室のクーラーが働き過ぎて、生地の温度まで下げていたのです。夏場、クーラーが働くときは必ず生地の上にカバーをかけて冷気が直接生地にあたらないようにしてください。それでも若め（発酵不足）の時は第一発酵室の設定温度を１〜２℃上げてください。第一発酵室のクーラーは良かれと思って冷やしているので、あまり責めないでください。

Coffee Time ☕　　**手粉を適切、有効に使ってください**

　一般的に、手粉はできるだけ少量を使い、べたつきなく分割・成形するために、粒度が大きくて安い小麦粉を使います。一部のお店や家庭製パンでは手粉をできるだけ使わないように指導しているところもあります。考え方によるのでしょうが、私は適切な量であれば積極的に使っています。ふんだんに使ってその使用量を測ったことがありますが、その生地の使用小麦粉の1%にも満たない量でした。それよりも、手粉を使わないことで生地がべたついたり、機械でトラブったりするマイナスの方がはるかに大きいです。最悪なのは手粉を使わなくともすむように全くべたつかない硬い生地を仕込むことです。「パンの美味しさは生地に加える水の量」です。手粉を使いたくないために、生地を硬く仕込むのは本末転倒、言語道断です。

　脱線ついでにもう少し。家庭製パンでは小麦粉の代わりに米粉をお使いの方もいます。香ばしくてなかなかいい香りがします。

　私はライブレッド用の手粉にはライ麦粉に3割程度のコーンスターチを入れています。その理由は
①シンペルからの生地離れが良くなります。
②ライブレッドは窯出し時に霧を吹きます。手粉の中のコーンスターチが糊化して表面の艶を良くします。
③手粉としてのサラサラ感が良くなります。
④何と言っても安いです。

　その他にイングリッシュマフインにはコーングリッツを使いますし、カントリーブレッドなどでパン表面に粉の吹いた感じを出すために、あえて薄力粉を使う方もいらっしゃいます。ベーカリーは手粉といいますが、めん屋さんは打粉（うちこ）と言い、お蕎麦屋さんは華粉（はなこ）と言います。

菓子パン Sweet Buns
（生地玉・成形・冷蔵冷凍法）

　　　　✝　　　✝　　　✝

　菓子パンは、日本のベーカリーにとっては今までも、そしてこれからもメインの商品です。最近は食パンブームですが、過去にはあんパンブーム、メロンパンブームがあり、専門路面店、デパートに専門コーナーが多数出来たこともあります。クリームパンの美味しいお店はほとんど地域一番店になっています。

　菓子パンの美味しさはあん、クリーム、メロン皮等、とにかく中身が勝負という考えがあります。もちろん私はそれが正解と考えています。でも、フィリング・トッピングが行くところまで行くと、結局は生地の差別化に戻ってきます。最近は従来の菓子パン配合の生地のほかに、酒種を使ったもの、ブリオッシュ生地を使ったもの、逆に食パン生地を使ったものなど個性的な菓子パンも多くなっています。

　ここでは、従来の菓子パン生地をアレンジしてよりしっとり、サクみのある生地を紹介します。これをベースにより個性的な配合を工夫してください。菓子パンはそれ１品でも専門店が出来るほどの実力を持っています。本来はストレート法菓子パンの配合・工程をご紹介するべきかもしれませんが、これからのリテイルベーカリーは毎日菓子パン生地を仕込んでいたのではいくら人手があっても間に合いません。

　砂糖配合の多い生地は冷蔵・冷凍に最も適した生地です。ここではあえて生地玉あるいは成形での冷蔵、さらには冷凍法をご紹介します。

◎配　合

	%
パン用小麦粉（カメリヤ）	90
めん用小麦粉（薫風）	10
パン酵母（生・VF）	4
製パン改良剤（ユーロベイク LS）	0.4
塩	0.8
砂糖	25
脱脂粉乳	3
マーガリン	15
全卵（正味）	20
水	45 〜 48

※1週間分の生地量を原則とします。

◎工　程

ミキシング	L４分M２分H３分 ↓M３分H２分
捏上温度	26℃
発酵時間（27℃、75%）	60 分
分割重量	35 〜 40g フィリング、トッピングは 生地重量と同量以上
冷蔵・冷凍	20 H（冷蔵の場合） （冷凍の場合は生地玉 で６日間）
ベンチタイム	生地温度が 17℃になる まで置く （冷凍の場合は 前日から冷蔵解凍）
成形	各種（モルダーを使い 均一にガス抜き）
ホイロ（32℃、75%）	60 〜 70 分 （生地温度、ホイロ条件 によって変わる）
焼成（210℃）	8 分（上火で焼く）

【原材料】

● 小麦粉

　菓子パン作りにおいての小麦粉の考え方は２通りあります。一つは食味・食感を重視して小麦粉のタンパク質量を少なめに設定し、サクい食感を追求する方法。もう一方は、副材料が多くなるので生地としてのタンパク質量が減るため、小麦粉のタンパク質量を多めに設定する方法です。前者は焼き立てを食べてもらうリテイルベーカリーに多く、後者はスーパーに並ぶ大手ベーカリーの商品に多いようです。

　もう１点は菓子パンの場合、内相を気にして食べる人はほとんどいないので、一等粉の必要はなく、灰分の若干多い小麦粉の方が値段も安く、タンパク質量も多いということがあります。つまり、ボリュームの大きい菓子パンを作りたいときは高タンパク質の小麦粉を使い、ボリュームはさておきしっとり（例えば内麦の「きたほなみ」はデンプン質がやや低アミロースタイプなので小麦粉自体にももちもち感があります。P.56 参照）、サクい菓子パンを作りたいときはパン用粉に１〜２割のめん用粉（ケーキ用粉よりもしっとりします）をブレンドします（ケーキ用粉はアメリカの WW が主体ですから小麦はアミロース含量30%の通常アミロースタイプです）。

● パン酵母

　この生地には砂糖が 25% 入りますので耐糖性パン酵母を使います。しかし、最近開発された市販パン酵母の中には、食パン生地から高糖生地まで対応できる優れものもあります。今回は冷凍・冷蔵も考えていますのでそれ専用の酵母を使うべきですが、リテイルベーカリーの場合、冷凍庫スペースの関係もあり、１週間周期での生地回転を考えます。

　そんな場合は冷凍専用パン酵母というよりは今回使った VF のような汎用性酵母の方が使いや

すいです。冷凍生地の場合は使うパン酵母の種類も大切ですが、新鮮なパン酵母を使うことがもっと重要です。どこの酵母会社もそれなりの商品を用意していますので、ぜひ、問い合わせてください。驚くほど商品が違ってきます。もちろん良くなります。

● 製パン改良剤

これを使わないという選択肢もありますが、今はいろんなタイプが市販されています。今回は酵素剤のみのものをご紹介しました。もちろん、焼くことで酵素は全て失活しますので、パンへの表示は要りません。これを使うことで、冷蔵、冷凍、加えて、生地玉と成形冷蔵というリテイルベーカリーにとっては究極の便利製法が可能になります。加えて、製品の安定性、ボリューム、ソフト感、焼き色等多くの点で改善されます。

● 塩

製パンにとって塩は基本原料と言われ、重要な原材料ですが、砂糖配合の多い菓子パンには、パン酵母に対する浸透圧の関係からも塩はあまり多くは配合できません。砂糖25％の時で塩0.8％が基準です。

● 砂糖

一般には上白糖の使用が多いですが、すっきりした甘さを求めてグラニュー糖を使う方、ビート糖原料の砂糖にこだわる方もいらっしゃいます。

砂糖5％の添加で吸水が1％減少します。つまり砂糖配合25％なら、吸水は5％減少するということです。加えて、液体原料と違いこの吸水の減少は砂糖が溶けて初めて分かります。つまり菓子パン生地のミキシングの場合、スタート時は吸水5％分硬く感じます。ミキシングのスタートが低速で4分を必要とするのは砂糖が溶ける時間と原材料が均一に混ざる時間、両方の

意味があります。

● 油脂

食パンにはこだわりがあり、バターを使う方も多いですが、菓子パンはさすがにマーガリンが多いようです。砂糖の甘さが強くバターの香りのよさが生かせないためでしょうか。とは言ってもマーガリンでも値段はまちまち、バターに近い値段からショートニングよりも安いものなど、ご自分の考え方、お店のポリシーで決めてください。

菓子パンというとその元祖である、酒種を使う場合も多いですが、酒種を使うとしっとりさが出るため、油脂配合は10％でもしっとりしますが、酒種を使わない場合は10％以上の油脂量がないとぱさついた触感の菓子パンになってしまいます。

● 卵

アレルギー問題もあり、食パンには不使用の配合が多いですが、菓子パンには焼き色、ボリュームのことを考え、使うのが一般的です。

気を付けたいのは鶏卵の水分は76.1％あり、配合量が5％以下ではあまり卵の効果に期待は出来ないことです。一般的には配合に書かれている数字は正味です。私は作業性も考慮して冷凍加糖卵黄を使用しています。

● 乳製品

昔から比べると、菓子パンの配合はどんどんリッチ（高配合）になっています。栄養強化というよりは美味しさのために使うことが多いです。

【工程】

▶ ミキシング

ここで大きな落とし穴に落ちる方が多くいます。菓子パンの配合は砂糖をはじめとした副材料が多いため、ミキシングスタート時点では生地がつながりにくく、砂糖が溶けづらいことをわかっていないと、つい水を入れ過ぎてしまうのです。また、副材料が多いためにグルテンはなかなかつながりませんが、見かけの生地は滑らかになり一見つながったかに見えがちです。騙されないようにしっかりミキシングをかけてください。

私は副材料の溶ける時間を考慮して食パンのスタートは低速2分、菓子パンは低速4分と副材料の量によって低速の時間を変えています。少し硬めの生地に仕込みミキシングをしっかりかけて滑らかな生地にすることを心がけてください。

▶ 捏上温度

砂糖配合が多いので、浸透圧の影響でパン酵母活性が阻害されるため、パン酵母の配合も多くしますが、捏ね上げ温度も高めに設定します。

▶ 一次発酵

大手ベーカリーの菓子パンは日本で開発された「70%加糖中種法」での製法がほとんどですが、リテイルベーカリーは冷蔵庫、ドウコンディショナーを利用した生地玉冷凍法、成形冷蔵法での製法が主体になっています。昔のストレート法ではミキシングから焼き上げるまでに時間がかかったうえに、1日、数回に分けてお客様に焼き立てを提供するようなこまめな対応は出来ませんでした。しかし、冷凍・冷蔵法を駆使することで、今では1週間分を一度に捏ね、お客様の来店に合わせて、きめ細かく焼き立ての菓子パンを提供することが可能になりました。加えて、冷蔵発酵を取り入れることで長時間低温発酵を

実現させ、さらに美味しく、老化の遅い菓子パンができます。

冷蔵・冷凍法の原則として、生地の内相は均一で細かい方が冷蔵・冷凍耐性があります。したがって、パンチはしません。

▶ 分割・丸め

菓子パン生地の場合、分割重量が30～50gと小さいので、あまり大量に仕込むと分割に時間がかかってしまいます。分割時間は長くても20分以内で収まるような仕込み量、あるいは、分割丸目機といった設備を用意することです。設備がない場合は一次発酵が終わった時点で、仕込み生地の半分を冷蔵庫に乾かないように覆いをして入れ。発酵を抑えるなどの対応をしてください。

▶ 冷蔵・冷凍

私は菓子パン等、ほとんどの生地は1週間分をまとめて仕込みます。翌日分は生地玉、あるいは成形冷蔵でドウコンへ入れ、残りの5日分は生地玉冷凍します。分割に時間のかかり過ぎるときは上手に冷蔵庫を使い、分割丸め後の発酵を極力抑えます。成形冷蔵の生地はドウコンの湿度管理がポイントになります。乾き過ぎず、かつ、過湿にならないように気を付けてください。

意外とドウコン内の生地量も重要です。あまりスカスカの生地量ですと表面が乾きます。出来れば満杯が理想です。加えて、あん（餡）のように水分活性※の低いフィリングは成形冷蔵に向きますが、カスタードクリームなど、フィリングに水分の多いもの（水分活性の高いもの）は要注意です。

また、成形方法にも注意が必要です。例えばフィリングの上生地が薄く、フィリングの水分が生地表面に浮き出るような成形をすると確実にフィッシュアイ（魚の目玉のようなボツボツ）が出現します。成形冷蔵の場合は生地配合とと

フィッシュアイができたクラスト

もに、成形方法、フィリングの水分量（水分活性）も問題になりますのでまずはテストをして確認してください。

　私は生地のみの成形、あんパン、メロンパン、コロネ等は成形冷蔵にしますが、上生地の薄くなりがちなクリームパンは生地玉冷蔵にして、翌朝成形しています。

※水分活性
食品中の自由水（微生物が利用できる水分のことで、微生物の利用できない水分を結合水と言います）の割合を 0 〜 1 で表す数値です。水分活性が低いほど自由水が少なく（微生物が繁殖しにくく）0 に近く、高いほど 1 に近く自由水が多い（微生物が繁殖しやすい）ことを表します。

▶ ベンチタイム
　一般のストレート法では 15 分程度を基準にしますが、この製法では冷蔵庫から出した生地が 17℃になるまでの時間がベンチタイムに相当します。15℃以下では成形しても加工硬化がおこらず、腰もちの悪い菓子パンになりますし、20℃を超えると生地がべたついて成形しづらくなります。

▶ 成形
　とにかく丁寧に、けれど手早くしてください。だらだら成形しているといつまでたっても上達しません。ここは手早く、でも丁寧に成形するという意識が大切です。そのためには先輩の手

の動きをよく観察し、盗むことです。昔から菓子パンは上生地 7、下生地 3 と言われ、上に来る生地を多くすることでボリュームのあるあんパンを焼くことができます。この生地比率が逆転するとボリュームのない薄皮あんパンになってしまいます。

　クリームパンの成形でモルダーを使うときは出てきた生地に頭と尻があります。尻は空気が抜けて薄くなり、傷んでいます（モルダーから出てくる生地の後ろ部分）。ですから尻にカスタードをのせ、頭部分を上生地に使うと、焼き色の奇麗なふっくらしたクリームパンが焼き上がります。

　メロンパンの成形は慣れないと時間がかかり、いびつになります。私はあらかじめシーティングしたメロン皮を丸型で抜いて冷蔵庫に入れておき、丸め変えた菓子パン生地の上に置くだけです。これだと、昨日入ったパートさんでもきれいなメロンパンが出来ます。

　へそあんパンで出べそにしない方法は既に P.28 でご説明しています。

　意外と見落としがちなのが、天板への生地の並べ方です。天板の中で均一な空間を確保することはもちろんですが、窯の中で均一な並べ方になることはもっと大切です。

▶ ホイロ
　ホイロは 38℃、85%を上限にします。温度は 38℃以下でも構いませんが、時間がかかります。でも、低めの温度なら窯入れのタイミングに幅が出来ますので、一人作業で時間に追われる場合は少し低めの設定をおすすめします。湿度は乾かない程度の 75%がおすすめです。

　初心者が一番難しく感じるのは、窯入れのタイミングです。タイミングの取り方はいろいろありますが、まずは一つだけでも自分のものにしてください。あまり心配することはありません。生地をよく見続けることで習得できます。成形方法によってホイロ時間が変わってきます。

簡単な成形ほどホイロの出が早くなりますので、同時に成形した時はクリームパンが一番早くホイロが出てきます。

窯入れの順番には注意が必要です。成形冷蔵の場合はホイロを少し大きめに出し、窯温度も少し低めの方がフィッシュアイ等のクラストの欠点を防げます。

▶ 焼成

パンは高温短時間焼成を原則としますが、この製法の場合は少し低めの温度が安全です。菓子パンは上火中心で焼くこと、特に、酒種を使う場合は下火を弱くすることでより酒種の味を強調することができます。お店には石床のフランスパン用オーブンしかありませんので、菓子パンを焼くときは一番下に冷蔵庫用の網を敷き、その上にさらに、必要に応じて天板を2枚重ねて、あるいは、反転した天板（天板の上下を返して）の上に乗せて焼成をしています。

またくれぐれも、窯出し時にはショック療法をお忘れなく。ただし、食パン、クロワッサン、バターロールのように生地のみのパンはショックが強すぎるということはありませんが、あんやクリームの入った菓子パン生地は、あまり強くショックを与えるとフィリングの下の生地がつぶれてしまいます。強さを考えてショックを与えてください。

▶ 冷却・包装

焼き上がったパンは、出来るだけ速やかに天板から平らな板の上に移すことです。いつまでも天板の上に置いておくと底が結露してカビの原因になりますし、パン表面のクラストが収縮して（ケービングの一種）表面のしわが多くなります。

また、パンは裸でパン棚に並べるわけですが、クーラーの利いた店舗にいつまでも裸で陳列すると、水分が飛んでパサパサになり、老化を早めます。古いパンと思われるのが嫌で、いつまでも裸陳列しているパンを見かけますが、適当な時点での包装をおすすめします。

CoffeeTime ☕　**冷蔵・冷凍するときは、生地の乾燥に気を付けて**

私は生地玉冷蔵、あるいは生地玉冷凍で冷蔵天板（あるいは通常の天板）を使うときは、天板の2倍ほどの大きさの青ビニールを天板に敷き、その上に天板と同じ大きさのライトロンスリット（青・ピンク、なければ白　P.43参照）を敷いて生地玉をのせ、カバーをせずに一旦は−20℃の冷凍庫に入れ、生地表面が冷えたところで冷凍庫から取り出し、最初に天板に敷いた青ビニールの残りでカバーをします。

カバーした青ビニールが冷蔵庫・冷凍庫内の風でめくれないように、折りたたんだ辺以外の3辺に重石用のアルミパイプを乗せて、翌日使用分は冷蔵庫に、翌々日以降分は冷凍庫へ移しています。

CoffeeTime ☕ **冷蔵法のすすめ**

　毎日の仕事を楽にして、パンを美味しくする魔法の製法が冷蔵法です。ベーカリーの仕事は辛いですが、楽しさもいっぱいあります。もし、今の仕事から「時間」という制約が無くなったとしたら・・・どんなに肉体的に、精神的に、楽になるでしょうか？

　それを可能にするのが冷蔵法です。冷蔵法は製パン工程のあらゆる段階に取り入れることが出来ます。つまり、そこで時間を止めることが出来ます。かつ、パンが美味しくなります。

① 冷蔵法ではパン酵母を多めに使う

　リテイルベーカリーで現在、スクラッチ製法で菓子パン、調理パンを焼き上げているお店はあるでしょうか？　生産性、パンとしての美味しさ、必要な時にタイムリーに必要な数だけ焼けるというメリットを考えるとこの生地玉冷蔵冷凍法に勝るものは見つかりません。あえてマイナス点をあげれば冷凍庫、冷蔵庫という設備投資とそのスペース、さらに出し入れの手間が考えられますが、それらにしてもメリットの大きさから比較すると明らかに小さく、議論の余地はありません。ぜひこの製法を採用することをお勧めします。

　気をつけたいのは冷蔵庫から出して2時間以内には商品をパン棚に並べたい（ここで3〜4時間かかったのではチャンスロスになります。1時間以内に出せればさらに良い）ので復温、ホイロに時間がかかると意味がなくなるということです。ホイロ時間短縮のためにはパン酵母の使用量を4％程度と、若干多めに使うことです。

② 早朝出勤の回避には成形冷蔵冷凍法の採用を！

　この製法を採用すれば、生地はドウコンディショナーを使うことで冷凍から冷蔵、さらにホイロへと切り替わるため、窯の温度さえ上がっていれば10分前後の焼成時間だけで商品を焼き上げることができます（実際には安全を見て、焼成タイミングの30分前には出勤しますが）。

③ 生地玉冷蔵法と成形冷蔵法の大きな違い

　両者には大きな違いがあります。

　一見、生地玉冷蔵法と成形冷蔵法は工程を一段階進めただけのように感じます。でも実際にはとても大きな違いがあります。生地玉冷蔵法は低温長時間発酵の後に成形という加工硬化を伴う作業をします。この作業でグルテンは強く再結合され、スクラッチ製法の時よりも強固なグルテンになります。一方、成形冷蔵法は、低温長時間発酵の後に加工硬化にあたる作業が存在せず、グルテンはどんどん緩むことになります。

　つまり、生地玉冷蔵法を採用する場合には小麦粉のタンパク質量を若干少なめにし、成形冷蔵法を採用する場合には小麦粉のタンパク質量を多めに設定します。いずれの製法を採用する場合でも、加水量はスクラッチ製法と同等でかまいませんが、ミキシング時間だけは長めに設定し、必ずオーバーミキシングの状態まで持っていきます（高速2分程度）。そうすることで、冷蔵中のグルテンの緩みをあらかじめ補うことができるのです。

テーブルロール Table Rolls
（生地玉・成形・冷蔵冷凍法）

＋　　＋　　＋

　バターロールに代表されるテーブルロールですが、その標準配合を聞かれると大きな戸惑いを感じます。50年前、私がこの業界に入った当時はバターロールブーム真っ最中、バターロールが飛ぶように売れるため、その配合で食パンも作り、菓子パンも作るといった状態で、パンの配合はバターロールの配合だけでいいのではないかと思ったこともあります。しかし、今振り返ってみると、それでは全てのパンが同じ味になり、結果としてはパン市場全体のパイが小さくなったようにも思います。

　やはり、食パン、テーブルロール、菓子パン、スイートロール、といったそれぞれの基本配合を大切に守り、それぞれのパンの味・食感を大切にし、お店に並ぶパン、一つ一つに個性的な違いを持たせることが、お客様を飽きさせず、来店頻度を上げることになると信じます。ましてや食べ物です。食品他業界と競い合わなければならない現在、商品数が多い必要はありませんが、ドイツパン、フランスパン、ピザに代表されるイタリアパン、ナン、チャパティー、スイートロール、食パン、ブリオッシュ、クロワッサンといった広いジャンルでの個性ある品揃えは必要と考えます。消費者の趣向が多様化している中、店頭のパンの味・食感のバリエーションの幅と深さは固定客作りの基本です。

　最近はあまり聞きませんが、昔はテーブルロールの基準配合として「6-6艦隊」（6-6は砂糖と油脂の％です。）、「8-8艦隊」、「10-10艦隊」という言葉がありました。具材に合った、甘みとサクみを選ぶうえでよく基準にした数値です。

　ここでも、基本レシピとして冷蔵・冷凍法を選びました。理由はほぼ菓子パンと同じです。より美味しく、より合理的にパンを作る製法と信じるからです。

　この本の配合だけではもの足りなくなったら、ぜひ、この製法にパートフェルメント、ルヴァン種、レーズン発酵種などの発酵種を組み合わせ、さらに美味しいパン、他店と差別化できるパンの開発に挑戦してください。

◎配　合

	%
パン用小麦粉（カメリヤ）	90
めん用小麦粉（薫風）	10
パン酵母（生・VF）	3.5
製パン改良剤（ユーロベイク LS）	0.4
塩	1.7
砂糖	13
脱脂粉乳	3
バター	15
全卵（正味）	15
水	45 〜 48

◎工　程

ミキシング	L 3分M 5分H 2分 ↓M 3分H 2分
捏上温度	26℃
発酵時間（27℃、75%）	60 分
分割重量	30 〜 40g
冷蔵・冷凍	20 H（冷蔵の場合） （冷凍の場合は 生地玉で 6 日間）
ベンチタイム	冷蔵庫から出して 生地温度を 17℃まで 上げる （冷凍の場合は 前日から冷蔵解凍）
成形	各種（モルダーを使い 均一にガス抜き）
ホイロ（32℃、75%）	60 〜 70 分（生地温度 によってホイロ時間は 変わる）
焼成（230℃／ 190℃）	9 分

【原材料】

● 小麦粉

　テーブルロールは食事と共に食べることが多いパンであり、サンドイッチにも使われるため、食べ口にサクさが求められます。そのような時にはパン用粉に 1 〜 2 割のめん用粉を加えて小麦粉のタンパク質量を下げることでパンの食感にサク味を付加すると同時にしっとりさを得ることが出来ます。

　なぜ、タンパク質含量が少なめのケーキ用粉ではなく、めん用粉を使うかというと、めん用粉は国内産小麦を原料としているものが多く、国内産小麦の良さの一つであるデンプン成分のアミロース含量が低いからです。通常はデンプン成分として30%前後あるアミロースの比率が低いということは、相対的にもちもち感のあるアミロペクチンの比率が高くなることであり、このことはパンにしっとり感を付与することにつながるのです（アミロース含量が0%になると、もち小麦と言われます）。例えば、直近データを紹介すると「平成31年（令和元年）産国内産小麦検査結果」総検査数量107.1 トンのうち、80万t（全検査数量の 74.9%）がやや低アミロース（アミロペクチンが多い）系と言われる品種です。特に、日本の主力小麦である「きたほなみ」（55.9万 t・全検査数量の 52.1%、アミロース含量26〜 27%）は、良好なめん適性を示し、やや低アミロースにあたる品種です（めんにはやや低アミロースが良いです）。それに対して、ケーキ用

穀物のアミロース含量

米 & 小麦	アミロース含量（%）
インディカ米	25 〜 30
ジャポニカ米	18 〜 20
通常アミロース小麦 （農林 61 号、ユメシホウ、さとのそら、ゆめかおり）	28 〜 29
やや低アミロース小麦 （チホク、ホクシン、きたほなみ、ハルユタカ、春よ恋）	26 〜 27
低アミロース小麦 （チクゴイズミ、あやひかり）	23 〜 24
もち小麦 （もち姫、うららもち）	0

粉はアメリカ産のWW（ダブダブ）が主原料で、この小麦のデンプン組成は通常のアミロース含量（アミロース30％、アミロペクチン70％）なのです。

● パン酵母

　パン酵母（生）はVF（汎用性酵母、耐糖性・耐冷凍性が高い）を使います。リテイルベーカリーの多くは生地玉あるいは成形冷蔵・冷凍法を使うことが多いと思いますし、そうあらねばならないと考えています。冷蔵し、低温で長時間発酵させた生地はより美味しいパンを生産性よく作れ、作り手にも優しい製法です。ここでは耐糖性があり、冷蔵・冷凍耐性にも優れた、万能タイプをおすすめします。またその使用量は、ドウコンディショナーを使う場合は別にして、できるだけホイロ時間を短縮させるためにも多めにしてください。

● 製パン改良剤

　これも多岐にわたっています。リテイルベーカリーでは、消費者の嗜好を忖度（そんたく）して使わないという方も多いです。判断はお任せするとしても、何も検討しないでただ毛嫌いするのには賛成できません。今回は酵素剤のみの製品をご紹介します。私もつい最近替えたばかりです。安全な原材料を使い、より高品質のパンを消費者に届けることが最良の手段と考えた結果です。

● 塩

　どれを使っても、品質的にはあまり変わりはありません。コスト、宣伝効果等も考慮してお決めください。

● 砂糖

　これも塩に準じますが、グラニュー糖、上白糖、三温糖等で味の違いは出しがたいです。もちろん、黒砂糖まで行くとかなりの違いを感じますが、要は自分で試作・試食をし、納得して選択してください。

● 乳製品

　私は加糖練乳を使うことが多いですが、確たる理由はありません。何となくミルクフレーバーが強く出るような気がするという、根拠の怪しい理由です。牧場で飲むあのミルクの味、フレーバーは何ものにも代えがたいものがありますが、あの風味をパンの中で出そうとするとなかなか難しいものがあります。ミルクジャムの味をパンで出したいものです。（付けて食べるのが一番手っ取り早い！）

● 油脂

　バターからマーガリン、サクみを出したいときはショートニング、ラード等、選択肢はさまざまです。ただ、バターロールと称して売る場合はバターを使っていただきたいものです。

● 鶏卵

　配合表には生卵で示しましたが、私は配合量の多いブリオッシュ、パネトーネ等を除けば卵は冷凍加糖卵黄を使っています。パン作りに卵白はあまり必要ないうえに、使い過ぎると弊害も見られます。究極のパン作りを目指すのであれば生卵も必要でしょうが、ほどほど以上を目指す分には、生卵以外の加工卵の使い勝手の良さは捨てがたいものがあります。なお、生卵以外は全て、加工卵と言われます。

● 水

　特にこだわりません。水道水であれば製パン性に影響することはほとんどありません。

【工程】

▶ ミキシング

　テーブルロールは冷蔵法、あるいは冷凍法でのパン作りをお勧めします。ポイントはスクラッチ製法でのミキシングを100とすると、冷蔵・

冷凍製法のミキシングは120です。とにかく、オーバーミキシングを心がけてください。

▶ 一次発酵

冷蔵・冷凍を考えた場合、一般的には極力発酵時間を短くしますが、リテイルベーカリーが1週間周期で生地を回す場合は通常の発酵時間、発酵管理をお勧めします。1週間、－20℃での緩慢冷凍の場合は、通常通りの発酵時間で問題はありません。短くする必要も、長くする必要もありません。むしろ、1週間前後の冷凍期間でしたら、急速冷凍よりも緩慢冷凍（－20℃）の方がはるかに良い製品が焼き上がります。おまけにホイロ時間も短くてすみます。

2週間以上の冷凍期間になると－20℃の緩慢冷凍よりも、－40℃の急速冷凍を使った方が品質は安定します。その場合も－40℃で完全に凍らせるのではなく、生地の外側の8割程度が凍ったところで－20℃の緩慢冷凍庫に移します。いつまでも－40℃の急速冷凍庫に入れておくと、品質は急激に悪くなります。

▶ パンチ

冷蔵冷凍製法を採用する場合はノーパンチが原則です。パンチをするとどうしても気泡が不均一になります。冷蔵冷凍の場合は均一な気泡の方がクラストの状態も良いので、私はノーパンチを採用しています。おまけに、テーブルロールの成形はバラエティーに富むことが多く、成形が複雑な時は断然ノーパンチです。

▶ 分割・丸め

通常通りですが、生地玉冷蔵冷凍製法の場合は肌荒れしない程度にしっかり丸めます。冷蔵期間中に生地が緩むためです。この段階で冷蔵・冷凍工程に入る場合は生地が乾かないように必ずビニールシートをかけてください。

▶ ベンチタイム

どんな製法でも共通ですが、生地を乾かさないことです。生地温度が17℃に上がるのを待って成形に移ってください。

▶ 成形

ともすると、見栄えのする複雑な成形にしがちですが、成形段階で手を加え、複雑な成形にするほど引きが強くなり、香りも飛んでしまいます。美味しいテーブルロールを作りたいときは出来るだけシンプルな成形、ガスを抜かない作業がベストです。

▶ ホイロ

ホイロの若いパンは、食べると口どけが悪く、口の中でだんご（しっとりとした食感というよりは、パンが口の中でひとかたまりになります）になります。しっかりホイロを取ってください。通常は38℃、85％ですが、高温であるほど最適窯入れ時のタイミングが短くなります（難しくなります）。

1人作業で時間に追われることが多い場合には温度、湿度を低くすることで窯入れのタイミングを長くとることができます。温度に下限がありませんが（とは言っても15℃以上）、湿度は75％以上を目安にしてください。

▶ 焼成

日本人の好むしっとり食感のためには、小物に限らず大きめのパンでも高温短時間焼成が原則です。小物の場合は下火を利かせ過ぎるとパンが乾きますので上火で焼きます。

▶ 冷却・包装

私のテーブルロールは小麦粉50％と全粒粉50％の配合です。見た目はボリューム、ソフト感等ほとんど変わりませんが、なぜか無包装で棚に置いておくと乾きが早いので、このパンだけは小麦粉のみのパンに比べて早めに包装しています。ご注意を！

フランスパン French Bread
（3時間ストレート法）

＋　　＋　　＋

　これからパン技術者の階段をもっと上ろうとするあなたの目標は「誰からも美味しいと言ってもらえる究極のフランスパンを焼くこと」ではないでしょうか？

　パン作りは配合がシンプルであればあるほど温度・時間・技術力の影響を強く受け、本来進むべき道から少しずつそれていきます。ベテランになるとそれた部分を五感で感じ取り、適度に修正も可能ですが、パン作りを始めたばかりではそこまでの技量は望むべくもありません。まずは、製パンの3原則である「温度・時間・重量」を正確に管理し、各工程での生地感を身体で覚え込むことです。

　とはいえ、身体が生地感を覚え込むためには2〜3年ではなかなか難しいものがあります。初めのうちは感覚を言葉にしてください。感覚を言葉にすることでより記憶に残りやすくなります。生地をよく見ることになります。

　運動選手のトレーニングにイメージトレーニングという方法がありますが、初めのうちはパン生地に触っていない時でもその生地感をイメージの中で再現することです。ミキサーの中での生地の形・艶・音、ミキサーから上げるときの生地の延び、パンチでの抵抗・弾力、分割時のべたつき・弾力、成形時の弾力・延び・ガス保持、窯入れ時の弾力、クープの入り具合、蒸気を入れた時の生地表面の艶、クープの伸びるタイミング、窯出しの時のクラストのはじける音、底をたたいた時の乾いた響き。とにかく、各工程の生地感を言葉で表現することで、どこに居ても、どんな時でもパン作りをイメージの中でくり返すことができます。

　初心者のうちはフランスパンの生地を仕込み、成形し、クープを入れて焼き上げる機会はなかなかめぐってこないかもしれませんが、そんな時こそ先輩の生地を見て自分の感覚の中に取り込んでください。この次、任された時には周りが驚くようなフランスパンを焼き上げてください。

◎配　合

	%
フランスパン専用小麦粉（リスドオル）	100
インスタントドライイースト（赤）	0.4
液状モルト（ユーロモルト・2倍希釈）	0.6
塩	2
水	70〜72

◎工　程

ミキシング	L 5分M 5分
捏上温度	23〜24℃
発酵時間（27℃、75%）	90分　P　90分
分割重量	350g、150g、60g
ベンチタイム	30分
成形	各種（バゲット 350g
	クッペ 150g
	シャンピニオン 10g・60g
	フォンデュ 60g
	タバチェ 60g）
ホイロ（32℃、75%）	60〜70分
焼成（230 → 220℃）	30分（バゲット）
	20分（小物）

【原材料】

● 小麦粉

　小麦粉が強い（タンパク質量が多い）と水が多く入ります。吸水が多いとボリュームは大きくなりますが、時間の経過とともに戻り（クラストのパリパリ感がなくなり、しんなりすること）が大きくなり、食感の引きが強くなります。また、パンボリュームが大きくなると、その分パンの旨味・コクが薄まるようにも感じます。

　そんなこともあってフランスパンに使う小麦粉はタンパク質量がそれほど多くなく、パンの旨味を増すために灰分量の若干多いフランスパン専用粉を使うことが多いです。

　パンの味はタンパク質量や灰分量だけでなく、小麦粉の原料となる小麦品種によるところも多くあります。以前はフランスの小麦品種「カンレミ」、「スワッソン」が最良とされていましたが、最近ではその収穫がほとんどないようです。昭和29年、フランスのレイモン・カルベル氏が初めて来日した時に、「日本の内麦（国産小麦）はフランスパン作りにとても適しているのに、なぜわざわざカナダから小麦を輸入して食パンを作るのか？」と言った話は良く知られていますが、最近の内麦は当時よりもさらに製パン性に優れています。機会があれば内麦を駆使し、自分なりのフランスパン、自分なりの日本人の食味・食感に合うパンを設計してください。

● パン酵母

　日本のベーカリーで一般的に使われているパン酵母（生）は耐糖性のあるもので、砂糖配合の多い生地に使われます。フランスパンには塩しか配合されていませんので無糖生地用のパン酵母を使います。残念ながら日本では無糖生地用のパン酵母（生）はパン粉用以外販売されていませんので、フランスパンに使うパン酵母は低糖生地用のインスタントドライイースト（赤）が多いです。

● モルト

　小麦粉中には発酵性の糖（マルトース、デキストリン等の低分子炭水化物）も含まれますが、量が少ないため、フランスパンのような無糖生地の場合は小麦粉中の損傷デンプンを分解し、デキストリンにするための α - アミラーゼを豊富に含むモルトを添加します（β - アミラーゼは比較的多く小麦粉に含まれます）。一般的には 0.2 〜 0.3％の添加ですが、パンの甘味、焼き色に特徴を出すために独自の使い方をする技術者もいます。

　一般に使われるペースト状のモルトエキスは粘度が強く使いづらいので、多くはあらかじめ 2 倍に希釈して使います。ただし、いったん希釈すると発酵しやすくなり、本来の酵素活性が阻害されることもあるので、一度に大量に希釈するのは避けてください。3 〜 7 日程度の使用量をこまめに希釈することをお勧めします。加えて、発売するメーカー、銘柄によって酵素の活性力はさまざまです。アミラーゼ酵素の活性力を示すリントナー価が 0 のもの、20 のもの、60 のものなど自分の使っているモルトエキスの酵素活性がいくつなのかは、必ず確認してください。その他に粉末の物も売られています。これも原末だと活性が 1000 倍近いものもありますが、多くは希釈されて売られており、適切な添加量を確認することです。

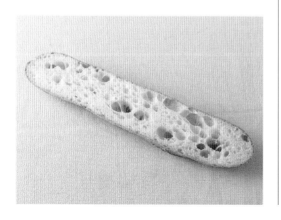

● 塩

　様々なこだわりの塩が市販されており、お店によってもお客様へのアピール、オーナーのこだわりなどで、とにかくいろいろな塩が使われています。気を付けたいのはその塩に含まれている塩化ナトリウム量です。99.99％から80.85％など、その味と共に塩味に注意が必要です。塩化ナトリウムの少ないものは当然、塩味が柔くなります。

● 水

　フランスをはじめ欧州地域の水の硬度は 300 前後と高いところが多く、フランスのコントレックス（硬度 1000 以上）と東京都の水道水をブレンドして 300 に調整した水を使っている店もあります。特に、ビタミンC無添加で灰分多めの小麦粉を使う場合にはその効果も見られます。しかし、一般の配合で作る場合は普通の水道水で十分です。

【工程】

▶ ミキシング

　食パンよりは少し硬めの生地を低速主体でミキシングし、食パンの 7 割程度（ファイナルに入る手前 2 分くらいの所）で止めます。グルテンを出し過ぎるとボリュームが大きくなり過ぎ、パンが軽く、引きが強くなり、戻りも大きくなります。

　ミキシング中のボウル内での生地形状は、フックの回りに双こぶ状に生地が分かれるときはやや生地が硬い時であり、もう少し加水を増やす必要があります。生地が滑らかになり、艶が出る前が止め頃です。最近はさらにミキシングを減らす方向にあります。当然生地のつながりが悪く、クープの外観もザクザク、ボリュームも小さくなりますが、酸化を極力抑えていること、ボリュームが控え気味であることから味・旨味が濃厚で、香りも強くなります。

▶ 捏上温度

　発酵時間にもよりますが、3時間発酵で23.5℃を目標とします。捏上温度が1℃狂うと、トータルの発酵時間で±20分というのが原則ですが、慣れないうちは調整方法を学ぶよりも正しい生地温度に仕込み上げることを目指すべきです。つまり、その仕込み水の温度調整方法を熟知すべきです。

　仕込み水の温度の求め方として一般的に使われているのは、室温、粉温、ミキサーでの上昇温度から算出する方法です。すなわち、仕込み水温＝3（希望生地捏ね上げ温度―ミキサーでの上昇温度）―（室温＋粉温）、詳しくはP.65を参照してください。

▶ 一次発酵

　オーソドックスな方法は3時間発酵（90分発酵後パンチ、さらに90分発酵）ですが、最近は作業の都合上、60分から24時間、48時間とさまざまな方法があります。3時間よりも短い場合にはパン酵母量、捏上温度、パートフェルメントの活用などを考え、長い場合にはパン酵母量、発酵室温度（冷蔵庫の使用）等で調整する必要があります。

▶ 分割・丸め

　フランスパンには様々な重量、長さ、成形方法があり、同じ生地から作られても驚くほどその味は変わります。それはクラムとクラストの比率、焼き時間、焼減率、老化の違いによるものであり、お客様の食べるシチュエーションを想像して決めることが必要です。基本的なことですが、この時にできるだけ生地にストレスがかからないように作業することが美味しいパンを作ることになります。

　ここでの丸め方として、バタール、バゲットは長く成形するのでこの段階で長めに丸める方がいます。バゲットはあまり加工硬化が強く出すぎますと、焼成したパンが反ってしまいます

シャンピニオンの成形。10gの生地を薄く円形に延ばし、しっかり手粉（この時、ライ麦粉を使うと生地はくっつかない）をつけて、丸めた60gの生地に載せ、指で中央を下まで押さえ込む。

フォンデュの成形。丸めた生地の中央部を細いめん棒で幅を広めに平らにする。

※シャンピニオン、フォンデュともにホイロは反転してとること。

ので長めの丸めがいいですが、バタールを長めに丸めると加工硬化が弱くなり、クープの出が悪くなります。そんな時はあえてここでは丸く丸めてください。丸い生地を長めに成形することで生地の張りが強くなり、きれいに開いたクープを出すことができます。

▶ ベンチタイム

　フランスパンの場合、30分が基本です。逆に言うと、30分でちょうど成形が出来るような、分割時での丸めの強さが重要になります。

▶ 成形

　できるだけ生地にストレスをかけないこと。手数を少なく、ガスを抜かず、かつ、生地をしっかり締めることが大切です。文字で書くと簡単

ですが、この作業が一番難しいです。他の工程でも難しいところはありますが、だいたいは時間と温度を守ることで何とかなります。しかし、この成形だけは手の動き、感覚が全てなので経験とセンスが問われます。習得を早めるコツは、先輩の作業をよく見て盗むことです。そして、恐れずに繰り返すことです。

▶ ホイロ

　成形が下手だと生地に締まりがないため、ホイロ時間は短くなります。内相の詰まった旨味のないパンに焼き上がります。ガスを抜かずにしっかり締めた生地は十分ホイロ時間をとれるので、内相の粗い、艶・旨味のある、軽い食べ口のパンになります（ホイロ時間が短くなるのはグルテンの弾力が弱いために、少ないガス発生量でボリュームだけが出てしまうためです）。

▶ 焼成

　時代によって理想とされる焼減率が変わってきますが、最近のそれは22%です。フランスパンは焼き上がった時にパリパリという、「天使のささやき」、「天使の歌声」とも例えられる、なんとも言えない軽やかなささやきが聴かれます。焼き立てのパンの底をたたいて軽い響きがあり、クープの先が少し焦げたくらいが、一般には良しとされています。

　焼き立ての音がするパンをパンかごに立てて入れることになりますが、パンにも頭とお尻のあることをご存知ですか？　クープの入れ始めが頭であり、当然こちらを上にして立てます。

▶ 包装

　フランスパンは包装しません。裸で陳列し、裸で売ります。ところが、フランスパンの寿命は4時間ともいわれます。本場のフランスではこの寿命時間以内に食べられますのでこれで良いのでしょうが、日本では翌日に食べられることも多く、結局、紙袋に入れて販売したり、4時間以内に食べられない時のために、保存用のポリ袋を添えて渡すことも多くあります。

　ここでとっておきの情報を1つ。私が日清製粉グループ本社の基礎研究所に籍を置いていた時に、若手の研究でパンのフレーバーの種類と総量に関するものがありました。そのデータによると焼成後数日たっても、その種類と総量はほとんど変わらないというものでした。極端に言うと、変わるのは水分量のみということになります。

　その結果に意を強くして、我が家では4～5日経ったコチコチのフランスパンでも水道の蛇口から直接水をサッとかけ、オーブントースターに入る大きさにカットして、そのカットしたパンと同じ長さ、幅に切った短冊状のアルミホイルをパンが焦げないように上と下に敷き、加熱します。すると、余分な水分はサイドのアルミホイルが覆っていない部分から飛び、クラストはカリカリ、クラムはもっちり、まさに焼き立てのこのうえない美味しさに再生されたフランスパンを毎朝食べることができるのです。騙されたと思ってぜひ、お試しください。その美味しさに感激するはずです。もちろんフレーバーは飛んで少なくなっているのでしょうが、その量は、パンの持つフレーバーの総量からすると問題にならない量のように思えます。

☕ *CoffeeTime*　仕込み水の温度を計算しよう

●仕込み水温度の決め方

① 単純に考えると、水（Tw）と小麦粉（Tf）の温度を足して、2で割ったものが生地温度（Td）です。
$$Td = (Tw + Tf) / 2 \quad\text{……①}$$

② しかし、作業室温度（Tr）も影響してきますので　Tw＋Tf＋Tr　を3で割ったものが生地温度になります。$Td = (Tw + Tf + Tr) / 3$　……②

③ 実際にはミキサーで捏ねますので、必ず摩擦熱（Tm）がそれに加わります。
$$Td = (Tw + Tf + Tr) / 3 + Tm \quad\text{……③}$$

④ この式を移項すると　$Tw = 3 (Td - Tm) - (Tf + Tr)$　になります。　……④

仕込み水温度＝3（生地の希望捏上温度ーミキサーでの上昇温度）ー（小麦粉温度＋作業室温度）　…④

●氷の使い方

⑤ 夏場、実際にこの式で水温を計算するとマイナス温度になることがしばしばです。そんな時は、氷を使って目的の生地温度を得るわけですが、その時の氷の量（Wi）を計算する式もご紹介します。氷の溶解熱80Calを有効に利用します。

仕込み水量（Gw）、水道水の温度（Ts）、仕込み水温の計算値（Tw）とすると
$$Wi = Gw (Ts - Tw) / (Ts + 80) \quad\text{……⑤}$$

ものすごく、わかりづらいので書き直すと
氷量＝仕込み水量×（水道水温度ー仕込み水温の計算値）/（水道水温度＋80）　…⑤

　くれぐれも、氷と水道水は別に測ってください。氷水を作ってしまうと氷の溶解熱80Calが有効に使えなくなります。

　難しそうな数式をたくさん上げましたが、私が毎朝ミキサーの前でこんな計算をしているわけではありません。もっと確実で、簡単な方法をブロートハイムの明石克彦氏から教わりました。それが下の仕込み表の記入です。私はこれに仕込み水温とその日に使った氷の量を記載しています。ほぼ百発百中です。ついでにこの表が私の日記帳でもあります。天候、行事、その日の出来事、1日の感想を箇条書きで書いています。1年後に見直すととても参考になります。

仕込表　Bakery & Café TSUMUGI　　　　　年　月　日（　）天気：晴、曇、雨、雪、強風、台風

	仕込み量 Kg	上昇温度 Tm	Tr	Tf	Tw	吸水 %	MIXING	生地℃	捏上時刻	パンチ分割	窯出
フランスパン											
食パン											
リュスティック											
デニッシュ											
ハード											
ソフトフランス											

クロワッサン Croissant
（成形冷凍法）

＋　　＋　　＋

　パン好き女子にとって、このパンの形、味、香りがお店の全てのパンの評価を決めてしまうといっても過言ではなさそうです。とは言っても、ロールイン用油脂はバターにしても発酵バターにしてもその差別化には限界があります。

　生地配合は簡単に言うと食パン生地の吸水を少なくして、ミキシングを短くしたものです。他店との差別化のためにはこの生地に工夫をすることです。その場合、パートフェルメントの添加、発酵種の添加等、工夫した生地を使うことも必要になってきます。奇麗な層を出したければパイを想像して発酵を極力抑えることですが、それではパンの美味しさが出ません。発酵を抑えて、なおかつ発酵の美味しさを加味させるのが老麺であり、発酵種です。

　ロールイン、3つ折りといった作業はできるだけ手早く、生地温度が上がらないように作業を進めます。15℃以下では発酵が止まるパン酵母も発売されていますので、大量にロールイン生地を作る場合はパン酵母の選択も必要です。とにかく丁寧な作業と生地温度の管理を心がけることで見栄えの良い、ボリュームのあるクロワッサンを作ることが出来ます。

◎配　合

	%
フランスパン専用小麦粉（リスドオル）	100
パン酵母（生・VF）	5
製パン改良剤（ユーロベイク LS）	1
塩	2
砂糖	8
脱脂粉乳	3
バター	5
全卵（正味）	10
水	55
ロールイン用バター	50

◎工　程

ミキシング	L ５分（オールイン ミックス）
捏上温度	22℃
発酵時間（27℃、75%）	30 分
大分割	1890 g
冷凍・冷蔵	生地を２cmほどの均一な厚さに延ばした後、発酵を止めるべく、１時間ほど裸で冷凍し、生地が十分冷えたところでビニールで包み冷蔵庫に移す。そのまま一晩冷蔵
ロールイン	ロールイン専用バター、あるいは前日に成形しておいたバターを生地で包む。風呂敷包みをお勧めします
折り込み	４つ折り２回、あるいは３つ折り３回を１回ずつ生地を休ませ・冷やしながら行う
分割（重量）・成形	生地を 2.5mm まで延ばし、２等辺三角形（底辺 12cm、高さ 16cm）重量 50g にカット。クロワッサン成形はあまり締め過ぎないように
冷凍	－ 20℃
ホイロ（27℃、75%）	60 ～ 90 分（塗卵をする）
焼成（230 → 210℃）	20 分

【原材料】

● 小麦粉

　一般的にはフランスパン専用粉を使います。一般のパン用粉（強力粉）を使う場合には２割程度、中力粉、または薄力粉を加えます。あまりタンパク質の多い小麦粉を使うとボリュームは大きくなりますが、引きの強いクロワッサンになりますし、生地の弾力が強くなり、ロールイン、３つ折り時に生地が延びづらくなります。

● パン酵母

　いろいろなタイプのパン酵母が市販されています。冷蔵中に発酵しないように 15℃以下では発酵力が極端に弱くなるタイプ、冷蔵・冷凍耐性の強いタイプ、あるいはスーパーマンのような万能タイプ、とにかく最近は機能性が付与されたパン酵母が開発されていますので、よくメーカーの説明を聞いて最新技術を導入したパン酵母を使うことです。冷凍を考えるときは新鮮なパン酵母を使うことが必須です。

● 製パン改良剤

　これを使うことで冷凍・冷蔵耐性、パンの腰もちが良くなります。リテイルによってはこだわりもありますから、自分の主義を大切にしてください。カルヴェル氏はその配合にビタミンC 20ppm 前後とモルトエキスを使うことが多かったようです。

● 塩

　種類や銘柄にはこだわりませんが、原材料の配合のトータル量が食パンの 180 前後に対して、クロワッサンはロールイン用油脂を加えると 250 ほどになります。食パンと同じように塩を 2%配合しても、生地全体の塩分量としては食パンの 2/180 ＝ 0.011 に対して、クロワッサンは 2/250 ＝ 0.008 になることを知ってください。

● 砂糖

砂糖の量は店によってさまざまですが、一般的には8％前後が多いようです。

● 乳製品

脱脂粉乳で2％前後、牛乳で20％が多いです。

● 油脂（生地配合用）

デンマークタイプの生地には添加しません。その方が生地中の水とロールインの油脂が反発し、よりはっきりとした層が出るためです。

生地中への油脂添加の目的は味、食感の違いはもちろんありますが、多くはその作業性に期待するものです。油脂の添加によって生地の伸展性は驚くほどよくなります。リバースシーターを使うときはあまり気になりませんが、私のようにめん棒でロールイン、3つ折りをする場合はものすごく大きな差になります。ミキシングが短い場合は固形油脂をペースト状にして添加します。

▶ 油脂（ロールイン用）

ロールイン用油脂として通常のバターを使う場合は、あらかじめ（前日に）ロールイン1回分ごとにバターを計量し、ビニールの中で適当な大きさのシートに延ばし、冷蔵しておきます。ロールイン用油脂として500gで薄く正方形になった油脂（バター、マーガリンいろいろあります）も売られています。

● 鶏卵

クロワッサンに使うことはあまりありませんが、使えば魅力的な焼き色が得られます。

● 水

希望仕込み生地温度がかなり低いので、水温調整に注意することです。その際、パン酵母の添加をどうするのがよいでしょう？ 使う種類にもよりますが、この後、生地を冷蔵・冷凍することを考えると、パン酵母なしでミキサーを2

～3分間回し、仕込み水の水気がなくなったところでパン酵母をほぐして添加することで、パン酵母の回りに生地由来の自由水が少なくなります。冷凍障害の一つが自由水の結晶化によってパン酵母が傷つくことであることを考えると、この方法もあり、と思います。

【工程】

▶ ミキシング

グルテンを出すというよりも、軽く混ぜ合わせる程度です。この後にロールイン、3つ折り、4つ折りとミキシングに匹敵する工程が控えているので、ここでしっかりミキシングすると、オーバーミキシングになり腰の浮かない、平たいクロワッサンになります。

▶ 捏上温度

22～25℃と低くなるように仕込みます。ロールイン前に発酵が始まってしまうと油脂の層がきれいに出なくなります。

▶ 放置時間

べたつきを無くし、生地を延びやすくするための時間です。30分前後という短時間が基本です。

▶ 分割・延し・冷蔵

ロールイン1回分の生地に分割し、冷却がスムーズになるように生地厚1～2cmに薄く延ばし、冷却します。

▶ ロールイン

冷蔵庫から生地とロールイン用油脂を取り出し包むわけですが、この時、生地が発酵していると良質のクロワッサンにはなりません。冷蔵庫の中ではほとんど発酵が止まり、パイ生地のような重い生地が理想です。

クロワッサンを作る時の一番のポイントは、この時の生地と油脂の硬さです。生地と油脂の

硬さが同じ時がベストです。油脂は作業を始める 10 ～ 20 分（厨房の温度によって変わります）ほど前に室温に出し、粘土のような可塑性のある状態まで戻します。次に、ロールイン用油脂のみ少し硬めの時点でめん棒、あるいはリバースシーターで若干、延ばしておくと、ロールインの時に生地と一緒に延びやすくなります。

生地はロールイン用油脂の大きさのちょうど2倍に延ばし、方向を90度ずらして、風呂敷状に包みます。生地同士はあまり重ならないように、けれどしっかりとつなげます。ここがいい加減だと、これから生地を延ばすわけですから、生地の接続部分がはがれて中の油脂が飛び出し、悲惨なことになります。

▶ 3つ折り（あるいは4つ折り）

ロールインした生地を薄く延ばし、3つ折り3回、あるいは4つ折り2回、折りたたみます。もちろん、一度にやると生地温度が上がったりバター層が崩れたりしますので、折りたたむごとに生地を冷やし、30 ～ 60 分ほど休めます。作業が手早くなれば2回連続でも生地を傷めることはなくなります。

意外と大切なのは、折りたたむときの生地厚を一定にすることです。最終成形時の生地厚を一定にすれば同じような気もしますが、案外、焼き上がったパンに差が出ます。例えば、最終成形時は2.5 mm厚、途中は6 mm厚で折りたたむなら、それを守ることです。

▶ 成形

最終の折り込みの後は長めに冷蔵時間をとり、生地が十分冷えたところで成形に移ります。クロワッサンなら二等辺三角形に、チョコクロワッサンなら正方形にカットします。通常ならカットの後、即、成形に移りますが、本当にきれいな層を出したいときはここでいったん冷蔵を取ります。特に、慣れないうちはどうしても一つ一つの作業に時間がかかりますので、手早く出来るようになるまではここで冷蔵を入れてください。きっと、作りたかった理想の形に焼き上がります。

▶ ホイロ

湿度は生地の乾かない75%が標準ですが、温度は使用するロールイン用油脂によって変わります。理想は使用する油脂の融点マイナス5℃です。バターだとその融点は32℃ですから、マイナス5℃で27℃ということになります。融点の高い油脂を使えばホイロ温度は高く設定できますが、口どけの悪いクロワッサンになります。

▶ 焼成

焼成前に塗卵をしますが、カット部分に卵が付くと奇麗に層が開いてくれません。丁寧に、丁寧に塗ってください。スタートは高温の方が艶の良いクラストになりますが、クロワッサンの美味しさは良く水分を飛ばすことですから、後半は窯温度を下げてでも十分に焼き込んでください。油脂が少し溶け出し、それが焦げて、焦がしバターの香りがパンに移ることでより一層美味しいクロワッサンになります。

▶ 窯出し

このパンほど窯出しの際のショック療法の効果がはっきり現れるパンはありません。フィリングもトッピングもありませんから思い切ってショックを与えてください。その際、1個はそっと外しておいて、ショックを与えたものと比べてみてください。ショック療法による層の違いに驚くことと思います（P.125 参照）。

リテイル製品では1枚1枚の層がショリショリとはがれ、周りを汚すような食感が好まれますが、ホールセール製品の場合は逆で、層がはがれ食卓テーブルの周りを汚すような製品は敬遠されます。そんな場合は、あえてホイロの温度、湿度を少し高めに設定し、層がはがれにくいクロワッサンを作ります。

2 プロ必須のアイテムとその製法

食パン（70%中種法）

食パンのバラエティー

　中種法（小麦粉をある比率で2回の仕込みに分ける製法です。時間が長くかかり、設備も大きくなりますが、機械耐性に優れ、ソフトで老化の遅いパンが出来ます）はアメリカで発明されたものですが、中種に使う小麦粉比率は主には 50 ～ 60%です。70%中種法は日本で開発・研究され、その完成度は米国をはるかに凌駕しています。主にはホールセールベーカリー（大手製パン会社）が得意とする製法で、老化の遅さ、ソフトさ、内相の細かさ、製造での安定性の高い製法です。

　一方、リテイルベーカリーにおいてはストレート法（全部の小麦粉を一度にミキシングする）による食パンが主流で、その味、香り、食感に特長を出しやすく、大手ベーカリーとの差別化のためにもそのことは重要です。しかし、最近の小家族化、単身世帯の増加、嗜好の変化等を考えた時に食パンの老化の遅さ、ソフトさ、きめ細かさも重要な要素と考え、ここでは 70%中種法食パンもご紹介します。

胚芽ブレッド（ストレート法）

食パンのバラエティー

　胚芽ブレッドには根強い人気があります。胚芽の香ばしさで美味しいこともありますが、豊富な食物繊維、ビタミンE（トコフェロール）などの有効性から女性、特に妊婦や高齢者の方には欠かせないパンのようです。

食パン （70% 中種法）

◎配合

	中種	本捏
パン用小麦粉 （カメリヤ）	70%	30%
パン酵母 （生）	2	—
製パン改良剤 （C オリエンタルフード）	0.1	—
塩	—	2
砂糖	—	6
脱脂粉乳	—	2
バター	—	5
水	40	25 ～ 28

※ C オリエンタルフードの C は酸化剤としてビタミン C を使っているという意味です。

◎工程

中種ミキシング	L 2 分 M 3 分
捏上温度	24℃
発酵時間（27℃、75%）	4 時間
終点温度	29℃
本捏ミキシング	L 2 分 M 5 分
	↓ M 4 分 H 2 ～ 4 分
捏上温度	26.5℃
フロアタイム	20 分
分割重量	230g × 6（型比容積 4.0）
ベンチタイム	20 分
成形	6 個・U 字交互詰め（3 斤型）
ホイロ（38℃、85%）	40 ～ 50 分
焼成（230 → 220℃）	37 分

◎ 配合の注意点

　この製法は大型ラインで使われるということもあり、小麦粉はパン用粉 100% のことが多いです（大型ラインの場合は高速ミキシングに耐えるタンパク質が多い小麦粉が必要です）。国内産小麦を使う場合は「春よ恋」なら 100%、あるいは超強力粉の「ゆめちから」を使う場合は「ゆめちから・元気」60% と北海道ならめん用粉の「薫風」40% が基準です（北海道以外の地域では地元のめん用粉を使ってください）。

　パン酵母は中種に 2% が基準です。まれに本捏に追種（おいだね）として加えることもありますが、効果としては同じパン酵母量なら発酵力は中種に加えた場合の半分といった感覚です。

　塩は、2% 添加でも加えるタイミングで塩味が変わります。後塩法はミキシング時間を短縮出来るうえに塩味を強く出すことができます。最近の減塩嗜好にも合いますのでお試しください。

　砂糖の量は 5 ～ 12% まで様々です。客層も考慮しながら決めてください。

　油脂も客層と売値次第です。バターからショートニングまでターゲットをはっきりさせて、自信をもって決めてください。ただし、くれぐれも高級食パンと銘打って安い油脂を多く使うようなことはしないように。特に食パンは途中で味を変えられません。どんなお客様に買っていただきたいか、ターゲットを決めればその種類、グレードも決まってきます。

　意外とアレルギーを持ったお客様が多くいらっしゃいます。乳製品、卵の使用はその点も考慮すべきです。

◎ 工程の注意点

　中種のミキシング時間は大事です。長くすると中種のボリュームが出て内相の細かい、ソフトなパンになります。しかしその分ケービング（腰折れ）しやすくなりますのでご注意ください。考え方としては、パンの型比容積が 4.0 の場合は中種ボリュームのピークも 4 倍以下にすることです。型比容積の数字以上に中種ボリュームを出すと「からぶき」と呼んで、ケービングその他欠点が出やすくなります。

　中種の終点温度も 29℃ を目標に捏上温度を決めてください。経験的に 30℃ を超えてはいけません。

　本捏ミキシングではその 7 割のところで油脂を添加します。グルテンチェックを常に行い、時間にとらわれず、生地の延び（グルテンのつながり）を実際に確認することでミキシング時間を決めてください。本捏捏上温度は 26.5℃、特に夏場はこれ以上になると過発酵の危険が高くなります。

フロアタイムは 20 分、ベンチタイムも 20 分を目標にその時間で十分成形に移れるような分割時の丸めの強さを身につけてください。最近はそれほどお客様もスダチの細かさを要求しなくなりました。ここでガスを抜き過ぎると香りまで抜くことになります。

ホイロ条件の 38℃、85% は上限と考えてください。それより低い方が製造としては安定します。

焼成時間は 3 斤型で 37 分を基準にします。窯出しの際はショックを与えてください。サイド

あるいはトップケービングにも効果があります。スチームを有効にお使いください。スチーム供給による熱風の対流、スチームの持つ熱量、食パンの焼き色、火通りに貢献してくれます。

※このほかに 100% 中種法もあり、それらの応用として冷蔵中種法、オーバーナイト中種法もあります。私は 100% 中種法の中種に粉乳とバターを加え、本捏では塩と砂糖のみ（水は硬さ調整用で少量入れることもあります）を加える、フルフレーバー法といったユニークな製法を採用しています。この製法は味、香りがよく、老化も遅いですが、本捏で水が入らないため（入っても少量）大量生産では本捏の生地温度管理が難しく、大手ベーカリーには向かない製法です。

胚芽ブレッド（ストレート法）

◎**配合**（P.38 の食パン・ストレート法の応用）

パン用小麦粉（カメリヤ）	100%
胚芽（ハイギー A）	7
パン酵母（生）	2
製パン改良剤（C オリエンタルフード）	0.03
塩	2
砂糖	6
加糖練乳	3
バター	5
水	70 ～ 72

◎**工程**（P.38 の食パン・ストレート法の応用）

ミキシング	L 2 分 M 4 分 H2 分↓
	M 3 分↓（胚芽）H2~3 分
捏上温度	26 ～ 27℃
発酵時間（27℃、75%）	90 分　P 30 分
分割重量	210g ×4（型比容積 4.0）
ベンチタイム	20 分
成形	4 個・U 字交互詰め・
	2 斤型
ホイロ（38℃、85%）	40 ～ 50 分
焼成（240 → 220℃）	35 分

◎ **配合の注意点**

食パン（P.38）と同じ配合、工程を使います。違うところは 7% の胚芽（熱処理済を使用。熱処理をしていないものは生地が緩みます）を本捏で加えることだけです。

◎ **工程の注意点**

胚芽は、あらかじめ 4% 程度の水を加えておき、レーズンを加えるタイミングと同じように、食パンミキシング終了の 2 ～ 3 分前に加えます。この時も投入後のミキシングは中速以上で回し、低速は使いません。

胚芽をミキシング後半で加えるのは、食パン生地と兼用しているためではありません。胚芽

をミキシングのスタートから加えるとどうしても胚芽臭がパンに強く出るからです。強く出たほうが胚芽ブレッドらしいという考え方もありますが、取りようによっては異臭と勘違いされます。いずれにしても、胚芽の投入タイミングでパンの香りが変わることは知ってください。

あと注意したいのは、モルダー間隔です。胚芽という異物が生地中に入っていますので、生地のガス保持力が弱くなります。モルダー間隔を食パンと同じ幅にするとガスを抜き過ぎることになりますので広めに調整してください。窯伸びも食パンほどは伸びません、ホイロでのボリュームを大きめに取るようにします。

高級食パン（湯種法）

　昨今、ブームになっている高級食パンです。いろんなところでいろんな方が手がけていますので、基本といえるような配合・工程はとくにはありません。したがってここでは私なりのレシピをご紹介します。製法はストレート法、ソフトでしっとりということなのでパンチはなし、配合には湯種を使い、蜂蜜と生クリームを併用します。うっかりすると、ケービングしやすい配合になっています。成形方法、焼成方法を工夫してできるだけケービングが起きない工程を心がけてください。

レーズンブレッド（70%中種法）

食パンのバラエティー

ここでも中種法を採用しました。販売量が少ない時は食パン生地を途中で分けて、レーズンブレッドにしてもかまいません。お店では日替わりで食パン生地の一部を同じような手法で胚芽ブレッド、オレンジブレッドとして販売しています。

レーズンの前処理（漬け込み方法）

　私は、レーズンは50℃のお湯で10分間洗います。この操作でレーズンはちょうど10%吸水します。すぐにザルで軽く水をきった後、選別（傷んでいるレーズンを取り除く）を行い、ラム酒4%、25度の焼酎4%、それにキルシュリキュールを2%加えます（ここでの%はお湯漬け前のレーズン量100%に対してのベーカーズ%です）。

　これにより、レーズンの水分は14.5 + 10 + 4 + 4 + 2 = 34.5%になります。これ以上の水分にするとどうしてもミキサー中での崩れがひどくなります。レーズンはpH3程度ですから、あまり激しく漬けるとパン酵母の活性に影響が出ます。

高級食パン（湯種法）

◎配合

＜湯種＞

めん用小麦粉（薫風）	10%
お湯（85℃）	10

＜本捏＞

パン用小麦粉（カメリヤ）	90%
パン酵母（生）	2.4
製パン改良剤（ユーロベイク LS）	0.1
塩	2
上白糖	5
蜂蜜	5
加糖練乳	5
生クリーム（35%）	10
バター	7
水	50

◎工程

湯種ミキシング	L2 分 M2 分
捏上温度	55 〜 60℃
冷蔵熟成（1℃）	一晩
本捏ミキシング	L3 分 M6 分 H2 分
	↓M4 〜 5 分
捏上温度	27℃
発酵時間（27℃、75%）	80 分
分割重量	210g × 4（型比容積 4.0）
ベンチタイム	20 分
成形	4 個・車詰め（2 斤型）
ホイロ（32℃、75%）	40 分（窯伸び大きい、ホイロ早めに）
焼成（230 → 210℃）	35 分（蒸気使用、後半 5 分ダンパー開ける）

◎ 配合の注意点

　湯種に使う小麦粉は、内麦めん用粉を使ってください。日本パン技術研究所が綿密な実験をして答えを出しています。湯種の目的がデンプンのα化とすると、デンプンの多い内麦・めん用粉を使うこともうなずけます。お湯の温度は85℃です。100℃から90℃というのは急激に温度が下がります。この温度のばらつきが湯種のα化度のばらつき、残存する酵素量のばらつきにつながり、最終商品である食パンのばらつきになります。

　本捏では通常のパン用粉を使い、製品の安定性を高めるために製パン改良剤も加えました。蜂蜜は焼き色、香り、しっとりさを出すために加えました。まれに、熱処理をしていない蜂蜜が売られています。そのような蜂蜜は生地が緩み、べたつきますのでご注意ください。加糖練乳は20%加糖のものを使っています。生クリームは35%乳脂を使っていますので、バターと合わせて10.5%の乳脂になります。

◎ 工程の注意点

　湯種の捏上温度は 55 〜 60℃です。デンプンのα化が始まり、かつ、酵素が失活し始める温度です。活性の残った酵素が一部α化したデンプンに作用することでデキストリンが作られ、湯種独特のほんのりとした甘さが加わります。冷蔵庫で一晩熟成させてください。

　本捏ミキシングは通常の食パンほどはグルテンを出しません。そもそもケービングしやすい配合ですから、しっかりミキシングすると窯伸びし過ぎて腰折れします。型比容積は 4.0 が最大です。これ以上大きく 4.1 〜 4.2 などにすると、ますます腰折れします。型詰めも通常は U 字詰めですが、腰折れを避けるためにここでは車詰めにします。車詰めにするときもしっかり丸めるのではなく、3つ折りくらいにして生地に張りが出来ないように成形します（トップケービングの防止）。

　窯伸びが大きいので、若め（小さめ）で窯入れします。蜂蜜が入っているので焼き色が早めに付きます。あまり窯入れ時の温度を高くしないでください。焼減率が小さくなるような配合になっています。焼成後半 5 分くらいはダンパーを開けて、焼減率を確保してください。ショック療法もほどほどの高さからお願いします。あまり強いと、ショックの衝撃でかえってケービングを起こします。

レーズンブレッド（70%中種法）

◎配 合

	中種	本捏
パン用小麦粉（カメリヤ）	70%	30%
パン酵母（生）	2	—
製パン改良剤（C オリエンタルフード）	0.1	—
塩	—	2
砂糖	—	10
脱脂粉乳	—	2
バター	—	8
水	40	25〜28
漬け込みレーズン	—	50

◎工 程

中種ミキシング	L 2分M 3分
捏上温度	24℃
発酵時間（27℃、75%）	4時間
終点温度	29℃
本捏ミキシング	L 2分M分5↓M 3分
	H 3分↓（レーズン）M2分
捏上温度	26.5℃
フロアタイム	20分
分割重量	250g × 4（型比容積3.3）
ベンチタイム	20分
成形	4個・U字交互詰め（2斤型）
ホイロ（38℃、85%）	45〜55分
焼成（225→210℃）	40分

◎ 配合の注意点

　味のバランスを考えて、食パンよりも砂糖と油脂の量を増やしています。この辺になるとオーナーの好み、主義の範囲です。むしろ、重要なのはレーズンの添加量と前処理方法です。

　私はレーズンブレッドを買う人はレーズンがお好きで買うのだと思っているので50%以上のレーズン添加をお勧めしています。販売量が少ない時は食パン生地を使い、配合差をミキシング後半9割のところで添加することも次善の策です。当然、砂糖、バターを先に加え、馴染んだところでレーズンを加えます。

　また、レーズンの水分は日本食品標準成分表（7訂）によると14.5%となっています。一般的なパン生地水分は約40%ですから、そのままなんの前処理もしないでレーズンを生地に加えると生地中、あるいはパンに焼き上がってからもレーズンは周りの水分を吸収し続け、平衡状態まで水分を増やそうとします。レーズンブレッドがパサついたり、老化が早くなることが多いのはそのためです。

◎ 工程の注意点

　ここでの中種は食パンと同じものを使っています。本捏ミキシングも食パンのそれに準じますが、若干短く、グルテンを薄くまでは延ばしません。レーズンの重みを支えるためにはグルテン膜が厚めの方がいいのです。もう1〜2分回したいと思うところで、レーズンを加えます。その時のミキシング速度は中速を使い、低速は使いません。その理由はアンミキシングのところ（P.25）で説明したとおりです。

　フロアタイムも食パンと変わりませんが、分割丸めの際、どうしても漬け込みレーズンが入っていることで生地が緩みます。しっかりきつめに丸めてください（食パンはできるだけゆるめが良いです）。ベンチタイムを取った後、レーズンが潰れないようにモルダー間隔を少し広めに調整して、モルダーを通して型詰めします。窯伸びが少ないのでそれを見越してホイロでのボリュームを大きめにとり、窯入れします。砂糖と油脂が多いため、焼き色が強くなりますので若干低温で長時間焼成とします。

　意外と忘れやすいのが、漬け込みレーズンの温度調整です。添加量が多いので生地温度が左右されます。私は冬場はステンレスボウルに入れた漬け込みレーズンを2〜3分窯に入れて温め、夏場は冷蔵庫で冷やします。

全粒粉ブレッド & ロール
（生地玉・成形・冷蔵冷凍法）

　全粒粉ブレッド（ホールホイートブレッド）は、使う全粒粉の粒度によってパンの出来が大きく変わります。ただ、全粒粉の袋には粒度までは書かれていないので、フスマが気持ち見える程度の粒度（指先で小麦粉の粒度が感じとれるように練習してください、必ずわかるようになります）のものを選びます。この粒度ですと全粒粉の前処理も工程も変える必要はありません。

　よく健康食品ということで砂糖もバターも無添加という全粒粉パンを見ますが、私は健康食品も美味しくて初めて食べてくれると思っています。この辺になると主義主張の範囲ですが、ぜひ、美味しい健康食品を作ってください。

テーブルロール（ストレート法）

スイートロールのバラエティー

　パン作りを学ぶ、入り口の製品・製法です。一番失敗の少ない配合であり、一番わかりやすい製法です。加えて、この配合をもとにすれば何でも作れます。一世を風靡したホテルブレッドの基本配合であり、あんを包めば菓子パンにもなります。ほとんどの人がここからパン作りをスタートさせ、基礎を学んできました。

　しかし、それはこれまでの話です。これからの時代の、ベーカーとしてやっていく皆さんはこの製法から卒業しなければなりません。この製法は基本ではありますが、これからのパン作りはより美味しく、より省力化でき、よりタイムリーに必要な個数の焼き立てパンを提供できる冷蔵製法でなければなりません。とはいえ、基本中の基本としてまず最初に説明しておきます。

全粒粉ブレッド＆ロール（生地玉・成形・冷蔵冷凍法）

◎ 配 合

パン用小麦全粒粉（ゆめかおり）	50%
パン用小麦粉（カメリヤ）	50
パン酵母（生・VF）	3.5
製パン改良剤（ユーロベイク LS）	0.4
塩	1.7
上白糖	7
蜂蜜	7
加糖練乳	3
バター	13
冷凍加糖卵黄	5
水	63

◎ 工 程

ミキシング	L2分 M6分 H2分
	↓ M4分 H2分
捏上温度	26℃
発酵時間	60分
分割重量	ロール：40g、ローフ：120g × 2
冷凍・冷蔵	翌日分は冷蔵、
	他5日分は冷凍
解凍	前日から冷蔵解凍
成形	ブレッドは半斤型使用
	（型比容積3.3）、ロール
ホイロ（32℃、85%）	50 〜 60分
焼成	ロール：8分（220 ／ 180℃）
	ローフ：17分（180 ／ 200℃）

◎ 配合の注意点

　最近は製粉技術も発達して、超微粉、微粉、小麦粉粒度と同程度のもの、粗粉等、いろいろな粒度の全粒粉が発売されています。言うまでもなく、粒度が粗くなるほどパンのボリュームは出づらくなり、粒度によっては水和が不十分で歯に当たるため、前処理が必要なものもあります。おすすめは小麦粉粒度と同じ 70 〜 80 μ のものです。

　お店では茨城県の「ゆめかおり」を自家製粉しています。これから現代人の健康を考えるとき、全粒粉は最も重要な食材の一つになります。全粒粉はぜひ、いろいろなパンに使っていただきたい素材です。

　アメリカ農務省（USDA）では国民の健康を維持するために 1992 年に食事バランスガイド「フードピラミット」を発表し、それ以降、5 年ごとに改定してきました。2011 年、それを改め、食事ガイドライン「マイプレート」をオバマ元大統領夫人がプレゼンターとして発表しました。その中に「栄養バランスを改善するための 10 項目」があり、その 7 番目に「穀物の半分は全粒粉で摂りましょう」とあります。この配合はそれを受けて、食べやすく美味しい全粒粉ブレッドを目指したものです。

　蜂蜜は全粒粉のフスマ臭をマスキングすると言われています。糖分が 14％と甘めで、ミルクと卵黄、バターも多めに使っています。全粒粉 50％とは思えないほどソフトでボリュームがあり、美味しいパンになります。

◎ 工程の注意点

　冷蔵・冷凍生地なので、しっかり捏ねます。冷蔵・冷凍生地で気を付けたいのは分割重量です。生地量が大き過ぎると冷却にも昇温にも時間がかかります。1 個の生地量は 150g 以下とお考え下さい。冷却のスタート時は裸で、ある程度冷えたところでビニールをかけて、乾燥を防ぎます。翌日冷蔵庫から出して成形するわけですが、生地が冷たいままだと加工硬化が起きませんので、できるだけ 17℃に近い温度で成形します。ホイロ時間は生地温度によって変わってきます。糖分が多いので焼成温度にもご注意ください。

　避けていただきたいのは全粒粉の配合が多い生地でプルマンブレッドを焼くことです。焼減率が低いパンに多めの全粒粉を使うとフスマ臭が強く出ます。ご注意ください。

テーブルロール（ストレート法）

◎配合

パン用小麦粉（カメリヤ）	90%
めん用小麦粉（薫風）	10
パン酵母（生）	3
製パン改良剤（ユーロベイクLS）	0.2
塩	1.7
砂糖	13
脱脂粉乳	3
バター	15
全卵（正味）	15
水	45 〜 48

◎工程

ミキシング	L 3分M 5分H 2分
	↓M 3分H 2分
捏上温度	26℃
発酵時間（27℃、75%）	50 分
分割重量	30 〜 40g
ベンチタイム	15 分
成形	各種（モルダーを使い均一にガス抜き）
ホイロ（32℃、75%）	60 〜 70 分
焼成（230 ／ 190℃）	9 分

◎ 配合の注意点

　食感の軽さ、サクさを出したくてめん用粉を10%配合しています。基本配合は砂糖15%と塩1.5%でしたが、最近は甘さ控えめということで砂糖は13%程度が多いようです。それに連動して塩は1.7%にしています。

　この配合は、基準よりバターと卵は多くなっていますが、最近の傾向としてはどんどん配合がリッチな方向に向かっているのでその流れに沿ってみました。

　ちなみに、中華まんじゅう、ハンバーガーバンズの砂糖量も13%が一般的です。焼き込み調理パン、調理パンに使われる生地の配合は砂糖13%添加が多いようです。

◎ 工程の注意点

　テーブルロールは、単品販売のほかに店内でのサンドイッチへの使用や、成形のバラエティーなどで製造量が多く、分割や成形の時間も長くなりがちです。そんな時は一時的、部分的にでも冷蔵庫をお使いください。発酵時間、ベンチタイムを冷蔵庫で調整することで安定した商品を出すことができます。

菓子パン（ストレート法）

スイートロールのバラエティー

　現時点で、この製法で菓子パンを作ることはあまりお勧めしません。ご自分の労働時間、生産性、チャンスロスを考えるとこの製法で作るべきではないと考えます。ぜひ、P.46で取り上げた、冷蔵・冷凍法菓子パンの製法で作ってください。

　とは言え、厨房の狭さからこれ以上冷蔵庫・冷凍庫を入れられないという事情のお店もあるでしょうから、一例として載せておきます。さらに美味しいパンにしたいときは、この製法をベースに発酵種や前日生地を加えるなどで、他店との差別化がはかれます。

菓子パン（70％加糖中種法）

スイートロールのバラエティー

　これは主に大型ラインで使われる製法です。機械耐性のある生地と製品ボリューム、ソフト感、老化の遅さが得られます。半面、工場スペースと機械設備に多額の初期費用が必要です。本書はリテイルベーカリーの方々をイメージして書いていますが、70％中種法は基本中の基本として知っておくべきなので、ここにご紹介します。これをベースにすれば、いろいろな場面で応用が利きます。その例がパネトーネ（P.95）、バンドーロ（P.106）の配合です。

菓子パン（ストレート法）

◎配合

パン用小麦粉（カメリヤ）	80%
めん用小麦粉（薫風）	20
パン酵母（生）	3
製パン改良剤（ユーロベイクLS）	0.3
塩	0.8
砂糖	25
脱脂粉乳	3
マーガリン	15
全卵（正味）	15
水	45〜48

◎工程

ミキシング	L4分M2分H3分 ↓M3分H1分
捏上温度	28℃
発酵時間（27℃、75%）	60分
分割重量	35〜40g フィリング、トッピングは 生地重量と同量以上
ベンチタイム	15分
成形	各種（モルダーを使い 均一にガス抜き）
ホイロ（32℃、75%）	60分
焼成（230℃）	8分

◎ 配合の注意点

　20%程度のめん用粉を加えることで、パンにサクみが出て、口どけが良くなります。

　砂糖の添加量は25%が基本ですが、最近は22%に落として、甘みを弱くする傾向があります。砂糖の多い時（25%の時）は、味と浸透圧の関係で塩は0.8%ですが、22%に落とすなら、塩は1.0%になります。油脂も少ないと老化が早く、パサついた食感になりますので15%以上を推奨します。

◎ 工程の注意点

　吸水は若干少なめで、ミキシングはしっかりかけてください。発酵は60分、成形でいろいろ手を加えますのでパンチをしないほうがパンは安定します。仕込み量が多いと分割に時間がかかります。そんな時は生地をいくつかに分け、冷蔵しておきます。成形にも時間がかかります。その時にも冷蔵を組み入れて適切なベンチタイムを心がけます。ベンチタイムを守ることは意外に大切で、15分を基準に生地を分けて、残りは冷蔵庫に入れて発酵を抑えます。

　成形の時、手でガス抜きをしてモルダー（あるいはめん棒）を使わない方もいますが、手でのガス抜きでは気泡が不均一に残り、焼き上がった時に奇麗なクラストになりません。この製法ではあまり大きな問題になりませんが、成形冷蔵での製パンの時にはモルダーがけは必須になります。

菓子パン（70%加糖中種法）

◎ 配　合

	中種	本捏
パン用小麦粉（カメリヤ）	70%	30%
パン酵母（生・VF）	3	—
製パン改良剤（C オリエンタルフード）	0.15	—
塩	—	0.8
砂糖	3	22
脱脂粉乳	—	3
マーガリン	—	10
全卵（正味）	—	10
水	38	6〜8

◎ 工　程

中種ミキシング	L 2分M 3分
捏上温度	26℃
発酵時間（27℃、75%）	2 時間
終点温度	29℃
本捏ミキシング	L 2分M 6分↓ M 4分H 2〜4分
捏上温度	28℃
フロアタイム	40 分
分割重量	30〜40 g
ベンチタイム	15 分
成形	フィリング・トッピングは 生地重量と同重量以上
ホイロ（38℃、85%）	50〜60 分
焼成（220/190℃）	9 分

◎ 配合の注意点

　この製法は大型ライン用です。その場合、小麦粉はパン用粉100%のことが多いので、ここではその配合をご紹介しています（リテイルベーカリーの場合はめん用粉を加えてサクみを出すことが多いのですが、大型ラインの場合は横型ミキサーで強いミキシングをし、滑らかな生地を作ってライン耐性を高めると同時に、パン用粉で大きめのボリュームを出すことでソフト感と歯切れの良さを出します）。

　国内産小麦を使う場合は「春よ恋」100%、あるいは「ゆめちから・元気」60%と「薫風」40%が基準ですが、試作し、食べてみて調整してください。

　パン酵母（生）は中種に3%が基準です。まれに本捏に追い種を加えることもありますが、効果としては同じパン酵母量なら発酵力は中種に加えた場合の半分といった感覚です。加えて、パン酵母各社は耐糖性の強い新商品を揃えています。最新の情報を入手して最良のものをお使いください。

　塩0.8%添加でも、加えるタイミングで塩味は変わります。後塩法は塩味が強く出ます。

　砂糖の量は20〜30%まで様々です。油脂の種類も客層と売値次第です。バターからショートニングまで自信をもって決めてください。どんなお客様に買っていただきたいか、ターゲットを決めればその種類、グレードも決まってきます。

　乳製品、卵の使用はアレルギーを持ったお客様が意外と多くいらっしゃいます。そこも考慮して決めてください。

◎ 工程の注意点

　加糖中種法の場合、中種の温度上昇は1時間に1.5℃となります。本捏ミキシングについては、砂糖が多く入っているので一見グルテンがつながったように感じますが、副材料の多いこともあり、アンダーミキシングで止めがちです。若干硬めの生地でしっかりミキシングすることが艶のある、奇麗な焼き色の菓子パンを作るポイントです。

　仕込み量にもよりますが、いたずらにベンチタイムが長くなると焼き色がボケたり、上生地が少なくなり、薄皮あんパンを作ることになります。成形の時間を考えて仕込み量を決めるなり、一部生地冷蔵、あるいは生地玉冷蔵にすることも考えてください。

　焼成は下火を弱めに、上火中心で10分以内の焼き上げを心がけます。

ソフトフランス（生地玉冷蔵冷凍法）

ハードロールのバラエティー

　フランスパンの冷凍生地はなかなか難しいものがありますが、少量でも砂糖、油脂を加えるソフトフランスなら、1週間前後の冷凍・冷蔵なら品質を落とすことなく製造することが出来ます。

パン・ド・カンパーニュ（生地冷蔵法）

ハードロールのバラエティー

　クロックムッシュ、クロックマダムなどの調理ものには最適なパンです。コンテストなどの装飾パンに使われることも多く、お店では今はやりの「一升パン」の土台生地としても使っています。お子様用にはジャガイモの代わりにサツマイモを使っていますが、甘みもあり、受けがいいようです。

ソフトフランス（生地玉冷蔵冷凍法）

◎配合

パン用小麦粉（カメリヤ）	50%
フランスパン専用小麦粉（リスドオル）	50
パン酵母（生・VF）	3
製パン改良剤（ユーロベイクLS）	0.7
パートフェルメント	30
液状モルト（ユーロモルト・2倍希釈）	0.6
塩	2
砂糖	3
ラード	3
水	65

◎工程

ミキシング	L2分M5分H2分
	↓M5分
捏上温度	25℃
発酵時間（27℃、75%）	45分
分割重量	150g、60g
冷凍・冷蔵	翌日使用分は冷蔵、
	他は冷凍で1週間まで
	使用する前日に冷蔵解凍
復温	17℃以上で成形すること
成形	各種
ホイロ（32℃、75%）	70〜90分
	（生地温度による）
焼成（230→220℃）	20分（小物）

◎ 配合の注意点

　小麦粉は、パン用粉一本では食感の引きが強くなりますし、フランスパン専用粉だけでは冷蔵冷凍耐性が弱くなります。そんな訳で今回は半々にしました。

　油脂にラードを使ったのは、バターではバターの香りが強く前に出過ぎるためです。お店ではこの生地をミルクフランス、ガーリックフランス、塩パン、カスクルートなど食感にサクみが欲しいアイテムに使用しています。もう少し香りが欲しい時はパートフェルメントの量を増やしてください。

◎ 工程の注意点

　冷蔵・冷凍をするのでミキシングはストレート法の時よりは長めにかけてください。通常の発酵を取り、分割し、強めに丸めます。分割重量は150gを上限とすること。分割重量が大きいと冷凍にも解凍にも時間がかかり安定した製品にはなりづらいです。

　冷凍天板の上には天板の2倍の長さのビニールと天板と同じ大きさのライトロンスリットを敷くことで生地の乾きを防止し、成形の際に天板から生地がはがれやすくします。私はフランスパン生地とソフトフランスの生地はどうしてもべたつきが大きく、上におおったビニールにも生地が強く付着するので、この2種類（油脂配合の少ない生地）には、上にもライトロンスリットをかけてから、ビニールをかけています。とても作業性が良くなります。ぜひ、試してください。

パン・ド・カンパーニュ（生地冷蔵法）

◎配　合

フランスパン専用小麦粉（リスドオル）	90%
ライ麦粉（メールダンケル）	10
インスタントドライイースト（赤）	0.4
製パン改良剤（ユーロベイク LS）	0.4
液状モルト（ユーロモルト・2倍希釈）	0.6
パートフェルメント	30
塩	2.2
ジャガイモ（茹でたもの）※	10
水	67

◎工　程

ミキシング	L2分（オートリーズ20分）↓（インスタントドライイースト、塩、パートフェルメント）L6分 M1分
捏上温度	24℃
発酵時間	30分　P　30分（その後、1日分ごとに分け、ビニール袋に入れて冷蔵。翌朝、冷蔵から出して分割）
分割	350g
ベンチタイム（復温）	60分（生地温度が17℃以上になるまで）
成形	ブール、まくら形
ホイロ（32℃、80%）	60分（生地温度によって変わる）
焼成（230／210℃）	26分

◎ 配合の注意点

　ジャガイモを添加することでコクが出て、パンもしっとりします。ジャガイモを入れ過ぎると足（傷みが）が早くなりますので要注意です。パン・ド・カンパーニュという名称がイメージさせる田舎風を演出するためにライ麦粉を5～10%添加するのが一般的です。パートフェルメント（前日のフランスパン生地を分割時にビニールに入れて冷蔵保存したもの）も味の改良の意味で入れています。パートフェルメントは15%以下なら増量混合（前日に余った生地をもったいないので使う）であり、15%以上なら品質混合（加えることで味の改良、老化遅延、作業性改善などを期待する）とお考え下さい。

※茹でる時も、電子レンジを使うときも皮ごと処理し、処理後に皮をむく方が均質な食感のジャガイモを得ることが出来ます（皮をむいた後に処理すると外側と内側の食感に差が出ます）。
※ジャガイモのない時はポテトフレークで代用できます。気を付けたいのは、ポテトフレークは直接小麦粉に入れてはいけないということです。必ず、水で戻してペースト状にしたものを使ってください。粉末物の全てに言えることですが、小麦粉と吸水能力の違うものを小麦粉に粉末状態で加えると、吸水能力の高い方が十分に吸水できず、発酵の後半、あるいはパンになってからも吸水をするため、老化（硬くなる）を早めます。

◎ 工程の注意点

　インスタントドライイーストを添加するタイミングは、できればオートリーズ前のミキシング終了の10秒前にしてください。インスタントドライイーストの水分は5%しかありません。オートリーズの20分の間に生地中の水分をインスタントドライイーストが吸って活性が早まります。

　発酵時間の30分、パンチをして30分ではほとんど生地ボリュームは出ていません。それで結構ですので、大分割をして乾かないようにビニール袋に入れ、できるだけ扁平にして冷蔵します（冷却、復温がしやすいように）。

　生地の復温が最も大切です。15℃以下では加工硬化が起きず、腰のないパンになってしまいます。20℃以上になると生地にべたつきが出て成形に問題が出ますので、17℃を目標にしています。この生地の場合もホイロ時間は生地温度に影響され、低いといたずらに長くなりますので注意が必要です。

　お店では3日分を一度に仕込んでいます。

パン・リュスティック（ストレート法）

ハードロールのバラエティー

　このパンを日本に紹介したのは、1986年（昭和61年）、フランスのブーランジェ、ジェラール・ムニエ氏が最初だと思います。その時は吸水量が多く、ミキシングは低速3分、強めのパンチを2回入れることで腰持ちを良くし、成形をすることなくできるだけストレスを与えないで生地を作り、それを一気に高温で焼くことで信じられないくらい美味しいパンを焼いてくれました。

　その時に食べたリュステックと、そのパンで作ったカスクルート（彼がその場で作った即席のキャロットサラダ入り）。その美味しさは今でも鮮明に覚えています。

デニッシュペストリー（成形冷凍法）

欧風パンのバラエティー

本格的なデンマークタイプ生地にはバターが練り込まれていません。その方がバター層は奇麗に出ますが、生地が延びづらく作業が難しくなります。アメリカンタイプはスイートロール生地にロールインバターを折り込むので作業性が良く、食べ口がサクくなりますが、バター層の出方はデンマークタイプほどではありません。ここで紹介するのはその中間、日本タイプとご理解ください。

パン・リュスティック（ストレート法）

◎配　合

フランスパン専用小麦粉（リスドオル）	100%
インスタントドライイースト（赤）	0.45
液状モルト（ユーロモルト・2倍希釈）	0.6
塩	2
水	76

※バラエティーとして：
クランベリー25%＋クルミ20%、
サツマイモ25%＋クリームチーズ25%など

◎工　程

ミキシング	L3分
捏上温度	23℃
発酵時間	30分　P　30分
	P　60分　P　30分
分割・成形	200g
ホイロ（32℃、75%）	40〜50分
焼成（240→225℃）	プレーン、クランベリー24分
	サツマイモ　26分

◎ 配合の注意点

　あまりにもシンプル過ぎて、コメントらしきものは何もありません。とにかく素材本来の味を素直に焼き上げるということに徹しています。あえて言えば、その分、各素材を厳選してください。自分が美味しいと思う素材を集めてください。

◎ 工程の注意点

　私なら、こんな時（ミキシングが短い）は塩はあらかじめ仕込み水に溶かしてくださいというところですが、ムニエ氏はそんなこともしていなかったと記憶します。とにかくシンプルに何も考えず、材料を捏ねるのではなく、混ぜるだけです。

　ミキシングはとにかく短く、生地の粉気が消える程度で止めてください。1回目、2回目のパンチは強めに、バラエティー（クランベリーあるいはサツマイモ）を作る時は1回目のパンチの時に加えます。3回目のパンチは生地の様子を見て強さを加減します。最後の30分発酵の後に軽くパンチをして（ガスを抜いて）、分割します。

　このパンは、できるだけ生地に触らないようにするために成形しないのですから、分割は、できるだけ1回で重量を決めることが大切です。また、成形していないのでホイロが早いことに注意しましょう。約40分が目安です。

デニッシュペストリー（成形冷凍法）

◎ 配 合

フランスパン専用小麦粉（リスドオル）	100%
パン酵母（生・VF）	5
製パン改良剤（Cオリエンタルフード）	0.1
塩	2
砂糖	12
バター（ポマード状）	10
脱脂粉乳	3
全卵（正味）	15
水	37～40
ロールイン用バター	60

◎ 工 程

ミキシング	L 5分
捏上温度	23℃
発酵時間（27℃、75%）	30分
大分割	1850g
冷却	生地温度を6～8℃まで冷やす
ロールイン	生地でロールイン用バター
	を包み3つ折りを2回
冷却	生地を休ませる（冷やす）
	約30分
3つ折り	1回
冷却	生地を5～6℃まで冷やす
成形	各種
冷凍	−20℃
ホイロ（27℃、75%）	50～60分
焼成（210℃）	10～12分

◎ 配合の注意点

　小麦粉やパン酵母の選択は P.66 のクロワッサンと同じです。

　製パン改良剤の使用も、外観、ボリューム、腰持ちを考えて種類と量を調整することです。卵の入らない配合も多いですが、焼き色の良さを考えると使いたいところです。

　吸水量にご注意ください。奇麗な層を出すためにはバター層が切れることなく薄く延びなければいけません。そのためにはどうしてもバターと同じ硬さの生地が必要です。生地の吸水を抑え、バターと同程度の硬さ（1～6℃付近で）が必要です。

◎ 工程の注意点

　後半でロールイン工程がありますので、ミキシングは短くします。そのためには練り込み油脂を前もってペースト状にして加えることが重要です。後で冷凍しますので、パン酵母、塩は溶かさずに加えることをお勧めします。

　発酵時間の30分でべたつきが消え、緩みが出てくれば大分割です。大分割した生地は1~2cmの厚さに整え、冷却します。私は裸で冷凍庫に入れ、生地表面が一部凍るぐらいまで冷却してから、今度は乾燥しないようにビニールで全体

を包み冷蔵庫で一晩、休ませます。

　ロールインはできるだけ風呂敷包みです。ロールイン用バターは前日に生地の大きさに合った形に成形して冷蔵しますが、そのまま出して生地で包むとほとんどバターは割れてしまいます。これはバターが長時間冷蔵されることで延びづらくなっているからです。包む前に必ず一度バターだけを延ばしてください。その動作を入れることでバターが延びやすくなり、生地とバターが一体になって奇麗なバター層を作ることが出来ます。延ばした後の折りたたみは3つ折り3回、あるいは4つ折りを2回します。この時大事なのは、折り込む前の生地の厚さです。生地量にもよりますが生地の厚さは6mmが基準です。最終、成形前の生地厚は2.5～3mmとし、この状態まで延ばしたらカットを入れます。

　慣れないうちは1個分にカットした後にもう一度、生地を冷蔵してください。しっかり冷えた後に成形すると奇麗な層を出せます。

　また、単純なコンニャク成形の場合は折り込み回数を多くし、複雑なダイヤモンド成形の時はその回数が少なくてもバターは流れません。最近は、成形よりトッピングで商品の魅力を出す傾向がみられます。むしろその方が、統一感が出て好ましいようにも思います。

ブリオッシュ（生地冷蔵法）

　残念なことに、お店では売れないパンの代表格です。意外と成功しているのが、この生地を使って菓子パンを作っているお店です。

　ブリオッシュというとブリオッシュ・ア・テットやムスリン（円筒形の型で焼くパン）、ナンテール（浅めのワンローフ型で焼くパン）といった生地のみのパンを思い浮かべますが、むしろ、フィリングものが好きな日本のお客様にはブリオッシュ・フイユテやシュネイク（シート生地にアーモンドフィリングを敷いてロールし、カットして焼いたパン）、あるいはババ（焼成後、たっぷりのブランデーシロップに漬けて生クリームを添えて食べるパン）などに仕上げた方が受け入れられるのかもしれません。

パネトーネ
（70％加糖中種法、「カルピス」使用）

欧風パンのバラエティー

　通常はパネトーネ種を使いますが、この種は管理が難しく、ここでは「カルピス」やワインビネガーを使った簡便法でご紹介します。でも、その美味しさはパネトーネ種の美味しさに匹敵します。

　世の中には発酵食品と呼ばれる食品がたくさんあります。味噌、醤油、お酒、みりん、最近では無色透明な醤油も出ています。ぜひ、これら発酵食品をパン作りに導入してください。誰にもまねのできない、あなた一人のパンを作ることが出来ます。現に、みりんを隠し味に使ったヒット商品もあります。

ブリオッシュ（生地冷蔵法）

◎配　合

パン用小麦粉（カメリヤ）	100%
パン酵母（生・VF）	3
塩	2
砂糖	10
バター	50
全卵（正味）	30
牛乳	33

◎工　程

ミキシング	L 5分M 6分↓M 3分
	↓M 3分M 3分
捏上温度	24℃
発酵時間（27℃、75%）	90分パンチして冷蔵
	（15～20時間）
分割	45 g（37g+8g）
ベンチタイム（冷蔵）	生地温度10℃以下で
	再丸めをしておく
成形	ブリュオッシュ・ア・テット
ホイロ（27℃、75%）	60分
焼成（240℃）	8分

◎ 配合の注意点

　今回はパン用粉（強力粉）100%で紹介します。考え方としては油脂量が多いのでそれに見合うだけのグルテンが必要ということです。しかし、本場のブリオッシュは高タンパク質の小麦を使っていません。日本でいうとフランスパン専用粉です。その方がボリュームは出ませんが、しっとりと濃厚な味に仕上がります。どちらの小麦粉を使うかはあなたのお好みにお任せします。生地はとにかく軟らかいです。とても常温の生地では丸めも、成形もできないこともあり、生地冷蔵が主流になります。もちろん冷蔵することにより美味しさもより増すことになります。

　冷蔵発酵ですから、冷蔵耐性のあるパン酵母を使ってください。ここでは食事パンとしてとらえているので砂糖の配合は多くありません。

　バターが50～70%と多いのがこのパンの最大の特徴です。卵は卵黄の乳化性を期待していますので必ず生卵を使ってください（加工卵を使うと期待したほどのボリュームの出ないことがあります）。むしろ、バター配合が多くなる場合は生卵に卵黄比率を多くすることを検討してください。配合によっては牛乳を使わず、卵のみで仕込む例もありますが、卵の鮮度によってはpHが高くなる心配もありますし、食感が乾き気味になります。私は卵と牛乳を半々に使っ

ています。

◎ 工程の注意点

　ミキシング時、バターの馴染みをよくするためにスタート時からバターを5%程度加えておくと、そのあとバターの添加がスムーズになります。バターはあらかじめ生地と同じ硬さにしておいてください。何しろ生地が軟らかいうえにバターの配合も多いので、グルテンがつながったと誤解しがちです。騙されないようにしっかりミキシングしてください。バターの融点は32℃です。融点マイナス5℃を心がけて生地温度、発酵管理をしてください。

　発酵を取った後、冷蔵しますが、生地厚を2cmにして冷却しやすくします。低温のうちに分割、丸め、成形をして形を整えます。生地温度が上がると、べたついて作業しづらいだけでなく、ここで生地温度が高くなることでベンチタイムを取ったことになり（卵とバター配合の多いパネトーネやパンドーロ等もベンチタイムは取りません）、生地中に空洞を作る原因になります。

　成形方法には通常法と簡便法があります。通常法で整った焼き上がりを期待するのはなかなかむずかしいので、P.125に示す簡便法で、まずは均一な焼き上がりを目指してください。

パネトーネ（70%加糖中種法、「カルピス」使用）

◎ 配　合

	中種	本捏
パン用小麦粉（スーパーキング）	70%	30%
パン酵母（生・ＶＦ）	5	—
製パン改良剤（ユーロベイクLS）	0.3	—
液状モルト（ユーロモルト・2倍希釈）	1	—
「カルピス」	5	—
ワインビネガー	1	—
塩	0.3	0.7
砂糖	4	25
脱脂粉乳	3	—
バター	20	20
卵黄	20	—
全卵（正味）	25	34
ブランデー漬けレーズン	—	55
オレンジピール	—	15

◎ 工　程

中種ミキシング	↓（バター）L3分M4分
捏上温度	26℃
発酵時間（27℃、75%）	2.5時間
本捏ミキシング	L2分M6分H2分↓M2分
	↓M2分H1〜3分
捏上温度	27℃
フロアタイム	60分
分割・成形	（小）200g、（大）380g
ベンチタイム	0分（これほどリッチな生地は原則取らない）
ホイロ（27℃、75%）	70分
焼成（170℃）	25分

◎ 配合の注意点

　パネトーネは前出のブリオッシュ同様多めのバターを配合し、その油脂分を生地中に馴染ませるためにも乳化効果を期待して鶏卵を多めに使います。パネトーネにパネトーネ種を使う理由の一つは、鶏卵のpHが高いため、pHの低いパネトーネ種を使って製パンに適したpHまで下げることがあります。この配合は、そのpH調整をワインビネガー、「カルピス」で代用しています。

　小麦粉は副材料が多いこともあり高タンパク小麦粉を使います。パン酵母も砂糖が多いことから耐糖性のあるパン酵母を使います。製パン改良剤は使わなくてもかまいませんが、使うことで1週間の生地玉冷蔵が可能になります。モルトも多めに使うことで窯伸びが良くなります。塩と砂糖も少量中種に加えることでパン酵母の活性をさらに強めることができます。バターを生地に馴染ませる意味からも中種に多めの卵黄と、全卵を配合します。ワインビネガーと「カルピス」はあらかじめ、卵黄、全卵と混ぜておきます。生地は非常に軟らかいです。

◎ 工程の注意点

　中種ミキシングはしっかり生地をつなげます。

2.5時間後の中種終点は表面がやや乾いた感じで、こんもり盛り上がり、その頂上を指で開くと膜が薄く、きめの細かいスダチを見ることができます。本捏生地はとにかく軟らかいです。この生地があんなに伸びるのかと心配にもなるでしょうが、そこは「カルピス」を信じてください。

　60分のフロアタイム後、分割しますが、ここでの丸めが成形でもあります。しっかり丁寧に丸めてください。丸めた生地はパネトーネ用の紙カップに入れてホイロを取ります。紙カップから生地のトップが1cmほど出たところで十文字にハサミで切れ目を入れ、切った皮を指でつまんで思い切って四方に広げます。この広げ方が少ないと、パネトーネのボリュームが出ません。しっかり、あえて乱暴に広げてください。中心に小指大のバターを置いて窯入れします。この時は必ずバターです。どのパンにも言えることですが、工程の後半になるほど良質の材料を使うことです。

　窯伸びしますので窯の高さにはご注意ください。上火が心配な時は焼成の後半で、パンの上にベーキングシートをかけることです。素晴らしい色で焼き上がったパンは窯出し後、しっかりショック療法をしてパンの底に串を2本通し、反転してパンを吊るし、冷却を取ります。

ナン（無発酵生地）

無発酵パン

　パン酵母が入っていませんのでパンとは言えないかも知れませんが、ぜひ、その美味しさを知ってください。私はこのナンを食べるまでは無発酵パンの進化、発展形として発酵パンがあると思っていました。でもそれは間違いでした。無発酵パンと発酵パンの美味しさは全く別のものです。両方ともそれぞれに美味しさがあります。

　また、小麦の種類の中にはガス保持力の弱い小麦が存在します。そんな小麦が主体の国・地域では、このナンが美味しい小麦粉製品として今でも好んで食べられています。

　このパンを食べて私は初めて、まずは小麦があり、その小麦で作る最高のパンが、その地域で食べられる主食なんだということに気付かされました。

つむぎこっぺ
（長時間ストレート法、レーズン発酵種使用）

発酵種パンのバラエティー

　世界にいろいろなパンがあるのはその地域に生育する小麦、穀物を、その地域のベーカーが長い年月をかけて工夫して、最大限美味しいパンに加工した努力の結晶です。残念ながら日本の小麦を使って日本人の嗜好に合ったパンはまだ開発されていません。

　私は国産小麦を使いレーズン発酵種で発酵させ、日本人の食味、食感に合ったパンを開発・販売しています。私がベーカリーを始めたのはこんなパンが作りたかったからです。その第1弾がこのパンです。パンの消費支出がお米のそれを上回った今、我々日本のベーカーが考えなければいけないことは、国産小麦を使った、日本人に好んで食べてもらえる、主食パンの開発と考えます。

ナン（無発酵生地）

◎配　合

めん用小麦粉（薫風）	100%
老麺	30
膨張剤（デルトン※1）	3
塩	0.6
サラダオイル	5
全卵（正味）	10
牛乳	10
水	35

◎工　程

ミキシング	Ｌ1分Ｍ2分
捏上温度	26℃
ねかし時間（27℃、75%）	60分　Ｐ　60分
分割重量	230g
ベンチタイム	60分
成形	木の葉形
焼成（280℃、スチーム使用）	3分

◎ 配合の注意点

　小麦粉はめん用粉をお使いください。老麺は
なくても結構ですが、一層美味しいナンを作り
たいときは、上記配合にパン酵母（生）を0.25%
加えて一晩室温放置したものをお使いください。
膨張剤は使用量が多いためBP（ベーキングパ
ウダー）を使うと苦みが出ますので、膨張剤グ
ルコノデルタラクトン（※1オリエンタル酵母
工業製・商品名：デルトン）をお使いください。
サラダオイルは新しいものでももちろんいいで
すが、フライドオニオンを作った残りオイルを
使うとオニオンの香りが移り、得もいわれぬ香
りのナンが作れます。

　生地は軟らかいです。

　先日、インド料理店でナンを食べましたが、
砂糖が10%ほど入っていました。とても食べや
すかったです。

◎ 工程の注意点

　ミキシングでは滑らかな生地を作ってくださ
い。パン酵母が入っていないので、ねかし時間
としていますが、老麺を加えた時は若干は発酵
します。

　分割重量は230gにこだわりません。ベンチ
タイムの後にナン（三角形、木の葉形）の形に
成形して、本来はタンドールで焼くわけですが、
ベーカリーにはありませんので私はベーキング
シートに上に並べ、スリップピールを使って
280℃のフランス窯で焼いています。蒸気は多め
に使ってください。焼成後にギーあるいはバター
を塗って提供します。

つむぎこっぺ（長時間ストレート法、レーズン発酵種使用）

◎ 配　合

パン用小麦粉（ゆめちから・元気）	70%
めん用小麦粉（薫風）	25
小麦全粒粉（ゆめかおり）	5
レーズン発酵種（P.108 参照）	8
液状モルト（ユーロモルト・2 倍希釈）	1
塩	1.8
上白糖	4
ラード	3
水	62

◎ 工　程

ミキシング	↓L2 分 M2 分 H1 分
	↓M2 分 H1 分
捏上温度	29℃
発酵時間（27℃、75%）	オーバーナイト
	（19 時間程度）
分割重量	190g
ベンチタイム	20 分
成形	まくら形
ホイロ（32℃、75%）	120 分
焼成（220／190℃）	20 分

◎ 配合の注意点

　北海道のパン用小麦粉「ゆめちから・元気」とめん用粉の「薫風」、それに茨城県の「ゆめかおり」の全粒粉を 5% 加えました。

　発酵源はレーズン発酵種です。レーズン発酵種の酵母数は市販パン酵母の 0.3% に匹敵します。レーズン発酵種が安定しない時は市販パン酵母を 0.04% までの範囲で使ってください。

　小麦粉と発酵の美味しさを出したくて、ラードを使いました。ラードを使う理由は、バターで試作した時にバターの香りが前面に出てしまい、小麦粉と発酵の旨味が薄まったためです。それにラードを入れるとクラストにサクみが出ます。

　さらに砂糖を 4% 入れることでほんのりとした甘みも出しました。生地は軟らかめです。

◎ 工程の注意点

　ミキシングはしっかりかけてください。発酵力が弱いので捏上温度は 29℃と高めに設定します。オーバーナイトで発酵をとりますので生地が乾かないようにビニールをかけます。

　できれば縦長の発酵ボックスを使ってください。パン生地（グルテン）は形状記憶合金と同じで、発酵時の形を窯の中で再現しようとします。そのために使うのがシンペルであり、バヌトンです。発酵ボックスの形は大切です。

　大手製パン工場の中種用発酵室をのぞくと、食パン型をそのまま大きくしたような中種用発酵ボックスがずらりと並んでいます。リュスティックの発酵は縦長ボックスではなく、横広の番重を使います。最終製品の形状に似た発酵ボックスを使うことで、期待する形状のパンを焼くことが出来ます。グルテンは形状記憶合金と同じ性質を持っていることを忘れないでください。

パン・ド・カンパーニュ
（長時間ストレート法、レーズン発酵種使用）

　昔はパリ郊外の田舎で作られ、パリに売りに来ていたので「田舎パン」と呼ばれていたという説もありますが、その真偽はともかく、フランスパンの配合にライ麦粉を10％前後加えることで「田舎風」と称され、ライ麦の香りとコクが楽しめるパンです。

　昔、欧州の田舎では1週間分のパンを村の共同石窯で焼き、古くなって硬くなったパンはスープに漬けて食べられていました。そんな時代をほうふつとさせるパンです。

発酵種パンのバラエティー

スキャッチャータ（トスカーナ風ピザ）
（生地冷蔵法、ホシノ天然酵母パン種® 使用）

　イタリアパンの中ではピザ、チャバッタが有名ですが、トスカーナ地方のスキャッチャータも近年では知られるようになってきました。とにかく美味しいです。

　私の実家は豆腐屋をやっていました。揚げたての「あぶらげ」にお醤油をタラと垂らして食べた時の美味しさは今でも忘れられません。そんな味、食感のパンを作りたいと以前から思っていましたが、このパンがまさにそのイメージにぴったりです。生ハムや野菜サラダによく合いますが何でも乗せて焼き、オリーブオイルをたっぷりぬってお召し上がりください。私は塩味のみのスキャッチャータが好きです。

パン・ド・カンパーニュ（長時間ストレート法、レーズン発酵種使用）

◎配　合

フランスパン専用小麦粉	
（リスドオルオーブ）	90%
ライ麦粉（メールダンケル）	10
レーズン発酵種（P.108 参照）	8
液状モルト（ユーロモルト・2 倍希釈）	1
塩	1.8
水	58

◎工　程

ミキシング	L3 分 H3 〜 4 分
捏上温度	25℃
発酵時間（27℃）	14 〜 16 時間（生地倍率 3 倍）
分割重量	600g
ベンチタイム	30 分
成形	手成形、シンペル使用
ホイロ（32℃、75%）	90 〜 120 分
焼成（210℃）	45 分（スチーム使用）

◎ 配合の注意点

　小麦粉にリスドオルを使う場合は製パン改良剤のユーロベイク LS（オリエンタル酵母工業製）を 0.1%加えてください。パンのボリュームを出したいときはライ麦粉を 5%に減らし、その分、小麦粉を増やします。生地は少し硬めです。

◎ 工程の注意点

　ミキシングはしっかりかけます（ライ麦粉が入っているので時間的には短いです）。生地は厚めのビニール袋にバターを塗って入れます。このようにビニール袋を使うと発酵室を有効に使え、生地がたくさん入ります。パンチをする場合はビニール袋の上から軽くしてください。

　丸めは軽く、芯を入れないように。生地発酵時間が長いため、結合水が多くなります。焼成温度を低めにして、焼成時間を長くしてください。

スキャッチャータ（トスカーナ風ピザ）
（生地冷蔵法、ホシノ天然酵母パン種® 使用）

◎ 配　合

めん用小麦粉（薫風）	70%
パン用小麦粉（ゆめちから・元気）	20
パン用小麦全粒粉（ゆめかおり）	10
ホシノ天然酵母パン種®・生種	8
塩	1.7
水	68
水（バシナージュ・さし水）	7

※ホシノ天然酵母パン種®・生種の作り方
ホシノ天然酵母パン種®100 に 30℃の温水 200%
を加えて混ぜる。27℃で 24 時間発酵後、冷蔵保
管で 1 週間は使えます。24 時間発酵後のパン種も
もちろん使えますが、その後 24 時間冷蔵保管をし
た種の方が、味は一段と良くなります。

**※冷蔵保存しているホシノ天然酵母種®・生種の
使い方**
冷蔵保存している発酵種共通の使い方になります
が、酵母は休眠中です。この休眠中の酵母を元気
な酵母に復活させるには、ドライイーストの活性化
方法と同じように少量の砂糖を加え、42℃のお湯
で湯せんを 10 分程することです。

◎ 工　程

ミキシング	L2 分 H5 分↓（バシナージュ） M2 分 H2 分
捏上温度	28℃
発酵時間（27℃、75%）	1 時間、その後冷蔵庫で 15 時間
フロアタイム	60 分　P　60 分 （生地を 17℃まで戻す）
分割重量	100g（分割して、ベーキング シートの上に並べる）
ベンチタイム	なし
成形	なし
ホイロ（27℃、75%）	40 ～ 60 分（トッピングする 場合はホイロ後にのせる）
焼成（280℃）	6 分（蒸気を少量使用、 多過ぎると窯温度を下げる）

◎ 配合の注意点

　めん用小麦粉は、できれば「薫風」を使って
ください。しかし薫風 100%では力が足りないの
で「ゆめちから・元気」を 20%使います。「ゆめ
かおり」の全粒粉を使っているのはパンの味に
コク・厚みを出すためです。生地は丸めも成形
も出来ないほど軟らかいです。

◎ 工程の注意点

　何しろ軟らかい生地なので、フックに絡まっ
てきません。そんな時は HH（最高速・4速）を
使ってでも絡めてください。軟らかいので分か
りづらいですが、バシナージュ前にグルテンを
しっかりつなげてください。バシナージュ後は

あまり強いミキシングをしてはいけません。こ
れ以上、水の入らない生地に加水するのですか
ら、だまし、だまし入れる感じです。

　お店では 3 日分を仕込んで、発酵 1 時間後に
3 等分し、1 日分ごとにビニールシートを敷いた
天板に入れ、乾かないようにビニールで覆って
冷蔵しておきます。朝、その天板 1 枚を室温に
出し、1 時間後にパンチを入れ、さらに 1 時間発
酵をとった後分割し、ベーキングシートの上に
並べてホイロをとります。ホイロ後、オリーブ
オイルを塗り、トッピングのあるものはトッピ
ングをし、プレーンなものは指でダッキングを
して軽く塩を振り、高温の窯で焼きます。ぜひ、
お試しください。美味しいです。

パン・ドーロ
（70％加糖中種法、ヴェッキオ使用）

文字どおり「黄金のパン」（Pan: パン、doro: 黄金の）です。

バターと卵黄をふんだんに使った、これぞ王侯・貴族のパンと言われるゆえんでもあり、まさにそのような場面で食べられていたといわれています。パネトーネと並ぶ発酵菓子として18世紀ごろのイタリアのベローナで生まれ、クリスマス菓子として今でも親しまれています。

◎配　合

	中種	本捏
小麦粉 (セイバリー)	70%	30%
パン酵母 (生・VF)	3	1
パネトーネ種 (ヴェッキオ)	5	—
製パン改良剤 (ユーロベイク SL)	0.4	—
塩	—	1
上白糖	3	27
バター	15	25
卵黄 (バターとクリーミング)	—	10
卵黄	—	10
全卵 (正味)	10	—
牛乳	26	7

◎工　程

中種ミキシング	L2 分 M2 分 H2 分
捏上温度	26℃
発酵時間 (27℃、75%)	2 時間
本捏ミキシング	L2 分 M3 分 H5 分
	↓ M2 分 H5 分
	↓ M2 分 H5 分
捏上温度	27℃
フロアタイム	40 分
分割重量、即成形	230g (パンドーロ型 900㎖)
	(型比容積 3.9)
ホイロ (32℃、75%)	60 分
焼成 (180 ／ 180℃)	25 分

※あまりリッチ (高配合) な生地でベンチタイムを取って成形すると、パンの底に見事な空洞が出来ます。パネトーネ、パンドーロといった極端にリッチな生地ではベンチタイムを取らないのが原則です (ブリオッシュも同じです)。

※糖分が多い生地にしては焼成時間も長いので、下火の管理には注意が必要です。

◎ 配合の注意点

　バターはグルテンに沿って生地中に展開していきます。ここでは 40%ものバターを使いますから、それを支えるために高タンパク粉を使いました。このように、ベーカリーではバター (油脂) が多い生地には高タンパク小麦粉を使うのが一般的です。しかし、ボリュームを追求しない洋菓子屋さんではタンパク質量にはこだわらず、ボリュームは小さいですがしっとりした美味しいパンを作るところもあります。ベーカリーと洋菓子屋さんでは考え方が違うのです。

　パネトーネ種は味、香りの付与はもちろん、配合の多い卵のアルカリ性を中和する意味もあります。砂糖配合が多いことも考慮して、パン酵母には耐糖性のあるものを使いました。

◎ 工程の注意点

　70%加糖中種法の応用とお考え下さい。硬めの中種をしっかりミキシングすることで内相が細かく均一な丸めになり、保形性を良くします。本捏では 1 回目のバター投入の前に生地をある程度つなげてください。

　40 分のフロアタイムを取った後に分割しますが、ベンチタイムはとりません。これは油脂配合の多い生地に共通して言えることです。つまりそのまま成形となりますのでご注意ください。パンドーロ型は星形をしています。これは生地に火通りを良くすると同時に、焼成後のケービング防止にもなっています。焼成後は溶かしバターを刷毛塗りし、軽く粉糖をかけてください。

レーズン発酵種の配合と作り方

配 合

	%
水（30℃）	100
レーズン	50
砂糖	25
モルトシロップ（2倍希釈）	2
完熟レーズン発酵種（親種・あれば）	(1)

　この配合は、1999年4月号の「食品と科学」（食品と科学社刊）に、当時、日清製粉に在籍していた神戸孝雄氏が発表した製法です。安定性が高く発酵力が強いので、それ以降、私も使わせてもらっています。

　作り方の注意点としては、

①容器はホウロウかポリ製を使い、ガラスやアルミ製は避けます。

②①に上記のレーズン他すべての材料を入れたら、1日に2回は撹拌してください。忘れるとレーズン種表面にカビが生えます。

③容器の口を密閉せずに、27℃の発酵室で4～5日間発酵させます。レーズンが全て表面に浮き上がり、レーズンの表面から無数の泡が出てきたらレーズン発酵種の完成です。

④完成したらレーズンを除き、液のみを冷蔵してご使用ください。夏場で1か月、冬場で2か月程度保存可能です。

※取り出したレーズンがもったいないと思うときはミキサーにかけて粉砕すると、レーズン種として使えます。レーズン酵母はレーズンの周りに多く付着しています（発酵種全てに言えることですが、酵母菌は固形物の近くに偏在しています。また、粉砕レーズンを使った場合はパンに色が付くことにご注意ください）。

　なお、完成したレーズン発酵種を親種として上記配合に1%加えると、レーズン種は1~2日で使用できます。このレーズン発酵種を生地配合によって5～10%添加することでパン・菓子が作れます。種温度は30℃になるように調整してください。

　レーズンはオイルコーティングの無いものをお選びください。あとは全材料を均一に混ぜて27℃の発酵室に保管するだけです。怖いのはカビです、撹拌を忘れると表面に浮いたレーズンにカビが生えます。そうなると5日間の苦労が全て台無しです。ご注意ください。

　神戸孝雄氏の文献から重要な部分を抜粋すると、

①このレーズン種に含まれる酵母数は市販パン酵母の0.3%溶液に匹敵します。

②このレーズン種中の酵母数は 6.8×10^7/g でした（市販パン酵母の酵母数は 10^{10}/g です）。

③実際のパン生地中の発酵力は通常の市販パン酵母の1/50と判断します。

　加えて、このレーズン種を利用した長時間ストレート法の要点として、次の4点を挙げています。

①生地の倍率管理はリーンな生地で3倍、リッチな生地は4倍です。

②レーズン種は生地配合によって5～30%使用します。

③長時間発酵なので、吸水を通常より3%少なくします。

④焼減率が小さくなりがちなのでオーブン温度は通常より10℃低くし、焼成時間を長くします。

3　店の技術力が示せるドイツパン

　日本では、まだまだなじみの薄いドイツパン（ライブレッド）ですが、だからこそ今、ドイツパン（ライブレッド）をお店に並べることをお勧めします。

　これまで、ベーカリーは消費者をリードして食生活の充実、食卓のバラエティー化を啓蒙してきました。しかし、最近はむしろ消費者の方が充実した食生活を送り、豊富なベーカリー情報を持っています。40年前、フランスパンがお店の技術力を示し、お客様の知識欲、購買意欲をそそったように、ドイツパンはまだまだお客様にとっては未知の食べ物、食べたいけれども食べ方が分からないという、お客様の食卓の一歩手前にあるパンです。だからこそ今、ドイツパンを売り出すことで、お店の技術力、情報発信力、そしてお客様からの信頼を得ることが出来るのです。

　一方、作る立場に立つと、ドイツパンにはライサワー種が必要で、手がけたいけれどもよく解らないので手が出せないでいる、というのが現状ではありませんか？

　ドイツパンを作る環境はとても良くなっています。難しいことは何もありません。必要なのは一歩踏み出す勇気だけです。

CoffeeTime ☕　**ライサワー種、管理が心配？**

　ライブレッドにはライサワー種を使います。ここで皆さんが不安になるのは、「ライ麦パンを毎日仕込まないとき、ライサワー種の管理はどうしたらいいか」ということではないでしょうか。そんな時は残ったライサワー種を密閉容器に入れ、乾かないようにして冷蔵保管すれば大丈夫です。1週間は問題なく使えます。長期間保存が必要な時はライサワー種100に対してライ麦全粒粉（アーレミッテル）を200加えてビーターでソボロを作り、乾燥しないようにビニール袋に入れ、冷凍保存します。3～4か月は大丈夫です。戻すときはサワーソボロ30にライ麦粉（メールダンケル）を80、それに水を80加えて、27℃で20時間の発酵をとります。20時間後でまだ発酵が若い場合は、もう1回デトモルト1段階法でサワー種を仕込んでください。

ヴァイツェンミッシュブロート
（デトモルト1段階法サワー種使用）

　ライ麦比率30%のパンで、ドイツパンの中でも軽いタイプのパンになります。ドイツ人の嗜好も本格的な重いドイツパンから、どんどん軽くて白パンに近いパンを好むようになっています。この生地にサルタナ、あるいはカレンズを入れたパンは、お店でも売れ筋の一つです。

◎ 配合の注意点
　サワー種を仕込む際の初種とは、前日に仕込んだサワー種が16〜20時間経過し、完熟した状態のものを指します。ここでのライ麦は粉でも全粒粉でも構いません。サワー種を作る場合、ライ麦粉の時は吸水80%（ライ麦粉を100とした場合）、ライ麦全粒粉の時は吸水を100%に増やします。全粒粉の場合、仕込んだ時は軟らかいように感じますが、16時間後にはちょうど良い硬さのサワー種になっています。（続き→ P.112）

ベルリーナラントブロート
（デトモルト１段階法サワー種使用）

　ドイツパンを代表するパンです。ドイツパンを１つ紹介するときは、ぜひこのパンを取り上げてください。実際にお店でも一番売れるドイツパンです。表面の白と茶色の木肌模様の美しさは、窯から出てくるといつも見とれてしまいます。

ヴァイツェンミッシュブロート（デトモルト1段階法サワー種使用）

◎配合

<デトモルト1段階法によるサワー種>

ライ麦粉（メールダンケル）	20%
初種※	2
水	16

<生地>

フランスパン専用小麦粉（リスドオル）	70%
ライ麦粉（メールダンケル）	10
パン酵母（生）	2
塩	2
水	47

※初種2%は、アクティブサワーR（オリエンタル酵母工業製）0.2%、パン酵母（生）0.1%で代用可。

◎工程

<デトモルト1段階法によるサワー種>

ミキシング	L3分
捏上温度	26℃
発酵時間（27℃、75%）	16～20時間

<生地>

ミキシング	L5分
捏上温度	26℃
発酵時間	15分
分割重量	1150g
ベンチタイム	0分
成形	丸形、まくら形
ホイロ（32℃、75%）	60分
焼成（230→215℃）	60分

◎配合の注意点（P.110の続き）

生地仕込みに使う小麦粉は、強力粉ではタンパク質の量が多過ぎてボリュームが出過ぎ、パンの食感が乾いた感じになります。めん用粉あるいはフランスパン専用粉をお使いください。無糖生地ですがパン酵母はいつもの食パンに使うパン酵母（生）で問題ありません。インスタントドライイーストを使う場合はビタミンCの入っていないブルー（青）をお使いください。しかし、ドイツパンは生地を仕込んだ後の発酵時間がほとんどありません。インスタントドライイーストでは立ち上がりの発酵力が弱くなりますので、パン酵母（生）の使用をお勧めします。生地は軟らかいほど美味しいライブレッドに焼き上がります。

◎ 工程の注意点

サワー種はミキシング時間が短いので仕込み水で初種をほぐしておきます。ミキシング途中で1度ボウルの内側に散った生地をかき落としてください。

ライ麦パンの仕込みはサワー種でも生地仕込みでも低速のみを使い、中速や高速は使いません。ライ麦粉を使った生地で、強いミキシング（中速以上）をかけると生地の腰が抜けたように弾力が無くなります（ライ麦粉の酵素力が強いためと思います）。また、ライブレッドの場合、どのパンもフロアタイムを長くとったりベンチタイムをとったりすると、パンのボリュームは大きくなりますが、ライブレッドの美味しさは損なわれます。

ホイロ時間はどのパンでも60分を基準にします。ホイロは十分に出し、窯伸びは極力させないようにします。ライブレッドにはグルテンがありませんので窯伸びすると、その分、生地が切れてしまいます。ライ麦パンの専門工場ではフォアバックオーブン（前窯）と呼ばれる380℃程の専用の窯で1～2分焼き、しっかりとクラストを付けた後、200℃程度の低めの窯で60分かけてじっくり焼き上げます。

もう一つ重要なことは、高温の窯に生地を入れ、急激にクラストを付けますので、必ず生地から出るガス、水蒸気の逃げ道を作っておくことです。具体的には竹串または箸で穴をあけて煙突をつくるか、ナイフで切り込みを入れます。この場合はフランスパンのようなクープではなく、波刃の小刀で生地に垂直に切り込みを入れます。蒸気の使い方はベルリーナラントブロート（P.113）に準じます。

ベルリーナラントブロート（デトモルト1段階法サワー種使用）

◎ 配 合

＜デトモルト1段階法によるサワー種＞

ライ麦粉（メールダンケル）	25％
初種※	2.5
水	20

＜生地＞

フランスパン専用小麦粉（リスドオル）	35％
ライ麦粉（メールダンケル）	40
パン酵母（生）	1.7
塩	1.7
水	50

※初種 2.5％ は、アクティブサワー R0.25％、パン酵母（生）0.13％ で代用可。

◎ 工 程

＜デトモルト1段階法によるサワー種＞

ミキシング	L3分
捏上温度	26℃
発酵時間（27℃、75％）	16 〜 20 時間

＜生地＞

ミキシング	L3分
捏上温度	28℃
発酵時間	10 分
分割重量	1150g
ベンチタイム	0 分
成形	丸形、ナマコ形
ホイロ（32℃、75％）	60 分
焼成（240 → 220℃）	60 分

◎ 配合の注意点

デトモルト1段階法サワー種の説明はヴァイツェンミッシュブロートと同じになりますが、初種がない場合は、上記※のとおりです。生地に使用する小麦粉のタンパク質量が多いと、ベルリーナラントブロートの特徴である、綺麗な木肌模様が出ません。フランスパン専用粉程度のタンパク質量の小麦粉をお選びください。

ライブレッドの場合、基本的にはライ麦は粉でも全粒粉でも構いませんが、名称をベルリーナラントブロートとする場合はライ麦粉をお使いください。パン酵母が1.7％、塩も1.7％と少ないのはサワー種がこのくらい多くなると発酵力が強くなり、塩味を強く感じるためです。

◎ 工程と注意点

デトモルト1段階法サワー種については前頁の通りです。生地のミキシングも同じく低速3分と短いので、サワー種もパン酵母（生）ともに仕込み水でほぐしておきます。本場のドイツではしませんが、私は塩もあらかじめ仕込み水の一部で溶かして加えます。

フロアタイムは、発酵というよりもミキシングでの生地のべたつきをなくす時間と考えます。ドイツでは分割重量は焼減率13％を考えて設定します。

分割丸めがそのまま成形になります。あまり締めすぎないように、かつ、雑にならないように気を付けます（成形が強過ぎるとクラストの木肌模様が粗くなり、雑に丸めると内相が粗くなります）。

ホイロ時間は60分を基本とします。夏場に短くなったり、冬場に長くなり過ぎたりする場合はパン酵母量を調節してでも60分を守ることで、酸味を中心とする味を一定に保つことが出来ます。

焼成方法にはご注意ください。焼成で肌切れさせないためには強い下火と上火、適切な蒸気の使用がポイントになります。下火・上火を強く利かせるためには設定温度はもちろんですが、炉床に並べる生地の個数にご注意ください。多過ぎると下火が弱くなり、サイド割れの原因になります。

蒸気は窯入れ直後に十二分に加え、生地表面をα化（糊化）させます。その1分後、ダンパーと扉を2分間開けることで余分な蒸気を逃がし、糊化した生地表面を急速にセットする（乾かす）と同時に、蒸気を除いた窯にすることで焼減率が13％になるようにします。

窯入れ時の焼成温度はできるだけ高くするこ

とで艶のある濃い焼き色を付けることが出来ます。その後、焼成温度を下げ、パン１kgで60分焼成、焼減率13％を目標にします。焼き上がりの確認は、時間、焼き色だけに頼らず、必ずパンの底を指でたたき、その乾いた音を目安にします。

　このパンだけは、ほかのドイツパンと違って、パン生地の表面に穴や切れ目は必要ありません。表面のひび割れした木肌模様が水蒸気、ガス抜きの役目を果たします。

　ドイツパンを初めて作る時はいろいろ迷います。迷った時の目安は、①ミキシングは短め、②生地温度は高めに考えます。③フロアタイムを長く取ると、パンボリュームは大きくなりますが食感に乾きが出ます。④ベンチタイムも同様です。長くとるほどボリュームは大きくなり、内相が粗くなり、好ましくありません。⑤成形では生地を締めないでください。多分、初めて成形するとベテランは締め過ぎて失敗し、初心者の方の成形がきれいに焼き上がります。どうしても、ベテランほどフランスパンの成形（生地を締める）をしてしまい、焼成でパンに大きなひび割れを作ってしまいます。

　蒸気にはドライ、ミディアム、ウエットの３種類があります。フランスパンの蒸気はミディアムが良いとされていますが、ドイツパンはウエットの蒸気を使います。

CoffeeTime ☕ ライサワー種３種の食べ比べ

　あるライブレッド講習会で３種類のベルリーナラントブロートを焼いたことがあります。本捏配合は全く一緒で、３種類の異なるライサワー種で仕込み、焼き上げました。①デトモルト１段階法サワー種、②モンハイマー加塩法サワー種、③ベルリン短時間法サワー種です。もちろん、焼き上がりは全く一緒で見ただけでは全く見分けがつきません。前日に焼き上げておいたこの３種類のパンを食べて、香りをかいでいただきました。それぞれの特徴・感想をここにまとめておきます。

①デトモルト１段階法サワー種：乳酸と酢酸比率は75:25です。操作は１日１回ですみますが、若干酸味が強く出ます。サワー種に使う初種量は10％です。

②モンハイマー加塩法サワー種：乳酸と酢酸比率は80：20です。操作が簡単でサワー種も安定しており、３日間の使用が可能です。酸味もまろやかで食べやすいです。しかし、サワー種に30％の初種が必要になります。

③ベルリン短時間法サワー種：乳酸と酢酸比率は85:15です。サワー種を仕込んで３時間で完熟します。酸味はまろやかです。ライブレッドがお好きな方には酸味が物足りないかもしれません。

各ライサワー種の特徴

種　類	特　徴	サワー種中の 乳酸・酢酸比率	味
デトモルト１段階法	１日の操作が１回ですむ	乳酸 75：酢酸 25	酸味強い
モンハイマー加塩法	操作が簡単　種が安定	乳酸 80：酢酸 20	まろやか
ベルリン短時間法	サワー種スペースが少なくてすむ	乳酸 85：酢酸 15	酸味弱い

プンパニッケル
（デトモルト1段階法サワー種使用）

（左：16時間焼成　右：4時間焼成）

　このプンパニッケルのように、全粒粉の多い配合ではガス保持が良くなるような気がして全粒粉でも細かいもの、あるいは少量の粉を配合したくなりますが、それは全くの逆効果です。このような配合に少量の粉が入ると、かえってそれがクラスト部分に偏在し、内相とは別の、硬くて密なクラストを作ってしまい、食べ口を悪くします。このパンは大きめの粒度の全粒粉にそろえることで、均一な内相と食べ口を得ることが出来ます。

　このパンは、本来16時間以上窯の中に入れて作るものですが、ここでは4時間の簡便法もご紹介します。色は写真の通り、時間が短いとやや浅く感じますが、プンパニッケルとしての味わいは十分楽しめます。

プンパニッケル（デトモルト1段階法サワー種使用）

◎配　合

＜デトモルト1段階法によるサワー種＞

ライ麦全粒粉（アーレミッテル）	30%
初種※	3
水	30

＜前処理＞

ライ麦全粒粉（アーレミッテル）	25%
ライ押し麦（ライフレーク）	25
小麦全粒粉（グラハム粉）	20
カラメルシロップ	1
塩	1
水	40

＜本　捏＞

パン酵母（生）	1%
水	1〜3

※初種3%は、アクティブサワーR0.3%、パン酵母
（生）0.15%で代用可。

◎工　程

サワー種ミキシング	L 6分
捏上温度	27℃
発酵時間（27℃、75%）	18〜24時間
前処理ミキシング	L 10分
捏上温度	30℃
放置時間	60分（生地温度が下がらないように注意）
本捏ミキシング	L 4分
捏上温度	30℃
フロアタイム	なし
分割重量	1550g（比容積1.5） 1350g（比容積1.7、蓋をしない場合）
ベンチタイム	なし
成形	筒状
ホイロ（32℃、75%）	45〜50分
焼成（220℃）	4時間 （たっぷりの蒸気を加える）

ここで取り出しても、十分に火は通っている。
その後窯の電源を切り、捨て窯で12時間焼き上げる。

◎ 配合の注意点

前処理をするのは、粗い小麦全粒粉やライ押し麦のライフレークが吸水する時間を確保するためです。カラメルシロップは、本来16時間以上焼くことによってデンプンが糖化、カラメル化して出る色に近づけるためです。塩が1%と少ないのは、このパンの酸味の強さから、塩味を強く感じるため、減らしています。

生地はできるだけ軟らかく仕込んでください。ドイツパンの型物生地はやっと持てる程度の生地の軟らかさです。少しでも硬いとクラストにヒビ割れができ、食べ口も乾いてしまいます。

◎ 工程の注意点

サワー種のミキシングが低速6分とサワー種としては長くなっていますが、全粒粉の場合はサワー種が軟らかいこともあって長くかけます（16時間後には全粒粉が水を吸ってちょうどよいサワー種になっています）。

前処理のミキシングも低速10分と長くなっています。これも使用している穀類が、ライ麦全粒粉、ライフレーク、小麦全粒粉のために生地としてつながりがないので、粘りを出すためです。前処理の捏上温度が30℃で、本捏の生地捏上温度も30℃です。本捏ではほとんど水が入らないため、前処理生地の温度を保つことが大切になります。

本捏では、サワー種と前処理生地とパン酵母が均一に混合されることが大切です。捏ね上げ後はフロアタイムもベンチタイムも取りません。即、分割して成形、型入れになります。とにかく生地は軟らかいです。やっと持てる軟らかさと思ってください。

プンパニッケルの型は特殊なプルマン型を使います（右ページ写真参照）。生地の入ったプルマン型をさらに湯せんの出来る大きな蓋付きの型に入れ、その大きな型にお湯を入れて焼き上げます（蒸し上げます）。お湯の量は型の密閉度

によっても違いますが、焼成終了の 15 〜 30 分前に全て蒸発する量が理想です。

　本来はそれぞれ、すべての蓋をした状態で 16 〜 20 時間焼成します。それにより生地中にデキストリンが増し、独特の色、甘味、香り、食感が生まれます。長時間焼成の場合、カラメルシロップは使いませんが、プンパニッケルの色のイメージからすると、入れた方がしっくりきます。ドイツでは 16 時間以上焼成したものがプンパニッケルと呼べることになっています。

第 3 部　製パンの基本と応用

（3）店の技術力が示せるドイツパン

プンパニッケルの型

下に湯を張った大きな型に、プンパニッケルの生地を入れた蓋つきの型を 4 本並べて入れます。大きな型の蓋をして、窯に入れて 4 時間焼成。その後、捨て窯に 12〜16 時間入れておきます。この間にほどよく水分が蒸発してしまうのが理想です。

セサミブロート
（デトモルト1段階法サワー種使用）

　ロッゲンミッシュブロート（ライ麦50~90%未満配合のパン）にクルミとサルタナを練り込み、成形の時に周りに白ゴマをまぶした、とても食べやすいライ麦パンです。初めてライ麦パンを食べる方にも抵抗なく食べていただけます。食事だけでなく、ワインのお供にも好まれます。

ラウゲン・プレッツェル（シュバーデン風）
（短時間ストレート法）

　苛性ソーダ（水酸化ナトリウム）の2〜4%溶液で生地表面をアルカリ化し、独特の食感と香りを特徴とするドイツならではのパンです。ドイツでは中世以来食べられていますが、その食感と味が人気で、最近ではプレッツェルに限らずクロワッサン、カイザーゼンメル等いろいろなパンにアルカリ処理をしたものがコーナーを作って売られているほどです。

　日本ではあまりなじみがありませんが、なかなか捨てがたい味と特徴を持ったパンです。アルカリ処理には、苛性ソーダ以外の方法もあります。

セサミブロート（デトモルト1段階法サワー種使用）

◎配 合

＜デトモルト1段階法によるサワー種＞

ライ麦全粒粉（アーレファイン）	25%
初種	2.5
水	25

＜本捏＞

ライ麦粉（メールダンケル）	15%
ライ押し麦（ライフレーク）前処理済み※1	50
フランスパン専用小麦粉（リスドオル）	35
パニアミール前処理済み※2	8.8
パン酵母（生）	2
塩	2
クルミ（ロースト済）	20
サルタナ※3	20
水	37

※初種 2.5％ は、アクティブサワー R0.25％、パン酵母（生）0.13％ で代用可。

◎工 程

サワー種ミキシング	L 6 分
捏上温度	27℃
発酵時間	18~24 時間
本捏ミキシング	L7 分↓（サルタナ、クルミ）
	L2 分
捏上温度	28℃
フロアタイム	5~10 分
分割重量	900g（比容積 1.9）
ベンチタイム	なし
成形	セサミ、あるいは
	ライフレークを表面にまぶす
ホイロ（32℃、75%）	45 〜 50 分
焼成（240 → 220℃）	50 〜 60 分
	（たっぷりの蒸気を加える）

◎ 配合の注意点

　ライ麦65％の典型的なロッゲンミッシュブロートです。ライ麦全粒粉をサワー種に使うことでマイルドな酸味が得られます。ライ麦粒そのものを使う場合は炊飯という作業が必要ですが、ライフレークを使うことで85℃のお湯を加えるだけで、歯ごたえのある食感のライブレッドが作れます。

　配合表の中の前処理は、以下のとおりです。

※1 ライ押し麦（ライフレーク）の前処理：粒が大きいため、前処理として「ライフレーク25：お湯25」の比率で加水をしておき、仕込むときには常温に戻っているくらいの放置時間（約4時間）をとったものを使います。

※2 パニアミールの前処理：売れ残ったライブレッド（レストブロートと言います）をスライスし、捨て窯で乾燥させ、粉砕したものをパニアミールといいます。それを生地に加えることでパンは格段に美味しくなります。効果としては①加水が増えます、②パンのしっとりさが増します、③香りが良くなります、④クラストの引きが弱くなります。気を付けたいことはしっとりさが増すあまり、それでなくともスライス性の悪いライ麦パンがますます悪くなります。ライ麦パンによってパニアミールの添加量が変わりますのでご注意ください。仕込み前に、「パニアミール 100：お湯 120」で前処理（混ぜ合わせる）をすることで、生地との吸水差を回避しておきます。

※3 サルタナ：前日に50℃のお湯に10分間漬け、お湯をきっておきます。本場ドイツではこんなことはしませんが、サルタナの水分が少ないため、前処理なしで使うとパンの老化を早める原因になります。

　このパンも生地が軟らかいほど美味いパンになります。

◎ 工程の注意点

　ミキシングは、ライ麦全粒粉が多いため、少し長くなります。ホイロは型上5mmまで取ってください。ライブレッドのハースブレッド（直焼きパン）は、窯入れ直後にたっぷりの蒸気を入れ、一定時間の後にその蒸気を窯内から除きますが、型焼きの場合は蒸気を入れたままで、蒸気を除くことなく最後まで焼き上げます。

ラウゲン・プレッツェル（シュバーデン風）
（短時間ストレート法）

◎配　合

フランスパン専用小麦粉（リスドオル）	95%
馬鈴薯澱粉	5
パン酵母（生）	3
液状モルト（ユーロモルト・2倍希釈）	2
塩	1
バター	5
ラード	5
キャラウエイシード（粉末）	1
顆粒スープの素	1
水	45

◎工　程

ミキシング	L 6分M 7~8分
捏上温度	22℃
発酵時間（冷蔵庫　5℃）	30~60分
分割重量	35g、70 g
ベンチタイム	10分
成形	プレッツェル形（シュバーデン風）
アルカリ処理	4%水酸化ナトリウム溶液（食品用苛性ソーダ溶液）に漬ける
ホイロ	なし　窯入れ前に、太い部分に粗塩をまぶし、カットを入れる。
焼成（220℃）	18～20分（蒸気なし）

◎ 配合の注意点

　馬鈴薯澱粉はパンにサクみを出すために加えます。バターとラードが多いのも、プレッツェル独特の食感を出すためです。キャラウェイシードは多めに配合されていますのでお好みで減らしてください。顆粒スープの素は本場では使いませんが、私はこのパンやグリッシーニなど発酵の短いものに使っています。

　苛性ソーダを使うことに抵抗のある方は、ラーメンに使われるかん水、あるいは重曹を使ってもそれなりの効果は得られます。が、本物とはあきらかに違います。

　苛性ソーダを使うことが安全かということですが、厚生労働省の使用基準には「最終食品の完成前に中和または除去すること」とあります。プレッツェルに使う濃度は2～4%で、かつ220℃で20分ほど焼きますから除去されています。

◎ 工程の注意点

　ミキシングはオールインで、滑らかな生地になるまでかけます。捏上温度は22℃でその後、冷蔵庫で30～60分休ませます。発酵をとるというよりは生地を緩める時間と考えてください。分割し、短いベンチタイムの後に成形します。

　シュバーデン風とは、腕の部分は細く、中心のお腹の部分は太く成形してラウゲン（苛性ソーダ）処理した後にカットを入れたものをいいます（粗塩を振るものもあります）。その他に、バイエルン風と呼ばれる油脂の配合が少なく、成形も腕、お腹ともに同じ太さのプレッツェルもあります。成形の後に苛性ソーダ液に漬け込みますが、苛性ソーダは窯、天板を傷めます。必ず専用天板かベーキングシートを使用してください。

シュトレン（短時間液種法）

　シュトレンはドイツを代表するクリスマス発酵菓子です。日本のクリスマスケーキのように クリスマスの当日に食べるのではなく、ファーストアドベントと呼ばれるクリスマスの4 週間前の日曜日から、家族そろって食べ始める習慣があります。日持ちのするパンですし、 価格もベーカリーには珍しいくらいに高価です。この価格を維持しつつ、4週間という長い期 間食べ続ける習慣を日本でも定着させてください。

　毎週1枚ずつ家族で食べていくわけですが、カットする場所は中心からになります。4人家 族なら4枚切り取って、残った両端をぴったりと合わせてラップをし、ビニール袋に入れて 翌週まで大切に保存します。こうすることでスライス面が乾燥することなく、毎回、美味しい、 しっとりしたシュトレンを食べることができます。

◎配　合

	液種	本捏
パン用小麦粉（カメリヤ）	30%	20%
めん用小麦粉（薫風）	—	50
パン酵母（生）	6	—
塩	—	2
上白糖	—	10
バター（無塩）	—	30
牛乳	30	6
漬け込みフルーツ	—	120
漬け込み用バター（無塩）	—	40

◎工　程

液種ミキシング	L1分 M3分
	（材料を均一に混ぜる）
捏上温度	30℃
発酵時間（27℃、75%）	30分
本捏ミキシング	↓L6分（漬け込みフルーツ）
	L2分↓L1分
捏上温度	22℃
発酵時間	15分
分割重量（生地）	大600g、中450g、小170g
（マジパンフィリング）	大50g、中40g、小15g
ベンチタイム	0分
成形	めん棒で長方形に延ばし、中心にマジパンが来るようにロール成形し、型に詰める
ホイロ（32℃、75%）	45〜50分（生地が緩むまで）
焼成（190→185℃）	大60分、中45分、小55分（焼成型のタイプで焼成時間、温度が変わる）

◎ 配合の注意点

　パン酵母（生）の使用量が多いので、酵母臭のマスキング効果を期待して仕込み水は全て牛乳を使います。小麦粉はフランスパン専用粉を100%使用しても良いですが、よりパンにしっとりさを出したいときは内麦（国内産小麦）のめん用粉を使用します。

　シュトレンの美味しさは、何と言っても漬け込みフルーツの量と前処理方法（洋酒の組み合わせ）、それと焼成後、パンの熱いうちに熱いバターをたっぷりと染み込ませることです。この配合にあるバター40%を焼き上がったパンに染み込ませるためには、パンもバターも極限まで熱くないと入りません。やけどには十分ご注意ください。

◎ 工程の注意点

　ご注意いただきたいのは本捏温度です。冬場とはいえ22℃に捏ね上げるためには、漬け込みフルーツを除く本捏材料の全てを、前日より冷蔵してください（もちろんバターもです）。

　バター（本捏用）をどのぐらいの大きさのブロックにしておくかということも結構重要です。この工程では低速6分でバターが生地に馴染んで見えなくなった時が漬け込みフルーツを加えるタイミングです（逆に言えば、バターは低速6分で生地に馴染む大きさのブロックにカットしてください、ということです）。漬け込みフルーツ投入後は低速で2分捏ねた後に、ボウルの周りを掻き落としてさらに低速を1分かけます。

　焼成方法はさまざまです。なんの型も使わない方もいらっしゃいますし、セルクル状の枠のみを使う方もいます。私は蓋付きの専用型と、天板を使う簡易型を使っています。専用型は通常の焼成で良いですが、簡易型は下火が強くなり過ぎますので、天板の下に天地を返した天板

を1枚敷いています。

　焼成後は即、型から出して熱いうちに熱いバターに漬け込みます。それを3回ほど繰り返すことで配合にある40%のバターをパンに染み込ませることができます。

　この一連の操作がシュトレンの美味しさを決めるポイントになります。これだけのバターをパンに染み込ませることで水分の飛散を防ぎ、保存性の良さを得ることができます。40%のバターを全て染み込ませ、まだパンがほんのり温かいうちに細かいグラニュー糖で全体を覆うこ

とでバターの酸化を抑制します。こういった手法は、おそらく昔の職人さんの経験からくるものでしょうが、本当に頭が下がります。

　この時に使う漬け込み用バターは、お店によっていろいろ工夫されています。無塩バターのみの方、有塩バターのみの方、無塩と有塩が半々の方、あえて焦がしバターにしている方、バターを一度溶かし、再度固めることでバター中の水分とバターオイルを分離し、バターオイルのみを使う方。ぜひ、ここでも工夫して、自分ならではのシュトレンを完成させてください。

＜漬け込みフルーツ配合＞

（P.123 の 120% の内訳）

サルタナレーズン	60
オレンジピール	10
レモンピール	10
クルミ（ロースト済）	15
アーモンド（ロースト済）	15
ラム酒	4
米焼酎（25°）	4
キルシュワッサー	2

　一例として漬け込みフルーツの配合を示しましたが、これは各お店それぞれです。こだわる方はドライフルーツごとに異なる洋酒で漬け込みをしています。私はそこまで手間をかけておらず、2か月以上漬け込むのはサルタナレーズンのみです。他のレモンピール、オレンジピール、ナッツ類（ロースト済）は、作業の前日に漬け込みのサルタナレーズンと合わせます。

　これには私なりのこだわりがあります。レモンピールやオレンジピールをサルタナと一緒に漬け込んだのでは、レモンやオレンジの味を残すことができません。また、ナッツ類は仕込み時に加えたのではその水分の少なさから生地、パンの水分を奪い、パンの老化を早めてしまいます。洋酒の使い方も人それぞれです。ぜひ、自分の秘伝を確立してください。

＜自家製マジパン＞

	%
アーモンドプードル（ロースト済）	100
上白糖	65
牛乳	32
ラム酒（マイヤーズラム）	4

　全材料を合わせるだけですが、アーモンドプードルのローストには気を使ってください。よく捨て窯でローストする方がいますが、ナッツ類のロースト温度と時間には重要な意味があります。お店では6取り天板に厚手で大きめの紙を敷き、150℃で10分間ローストして周りが若干焦げたころ、周りと中心部のプードルを均一に混ぜ合わせます。この操作を3回行います。以前は、180℃で5分間ローストというのを3回行っていましたが、ある時、製菓製パンのプロとして長年活躍されている津久井文子氏がお店に遊びにいらした時に、ナッツ類のロースト温度と時間の話になり、教えていただき、早速試したところ、プードルの味、甘みが驚くほど良くなりました。以降、他のナッツ類も同様に150℃、10分間、3回で行っています。

　人によってはナッツの種類によって適正温度は異なるという方もいらっしゃいます。ご存知の方がいらしたら教えてください。すぐに試してみます。

CoffeeTime ☕ 　焼き上がったパンに、ショックを！！

カメラマンにわざわざ来ていただいて、焼成後にショックのあり（左）、なし（右）で撮ってもらった写真ですが、分かりづらい写真になってしまいました。本来なら、ショックなしの右側は内相がもっと粗く、気泡が大きくて少なく、膜厚になっているはずでした。でもよく見ていただくと外側部分の気泡が粗くなっているのが分かります。ぜひ、ご自分で体験してみてください。ショック療法の効果に驚くことと思います。

CoffeeTime ☕ 　ブリオッシュの成形、簡便法

　ブリオッシュ・ア・テットの成形は難しいです。気合いを入れて作っても製品の半分以上はお辞儀をしてしまう、というのはよくあることです。ということで、今回は簡便法を紹介します。

　ちょっと面倒ですが、生地45gを分割時に37gと８ｇに切ります。ベンチタイムを取った後、37ｇは真ん中に穴をあけ、８ｇはラッキョウ型にしてその細い方を穴に通し、しっぽがはみ出ないようにブリオッシュ型に置きます。こうすれば100％姿勢の良いブリオッシュ・ア・テットになります。

本書で使用した原材料について

　前職の関係上、製粉会社が偏っていますが、お店で使っている粉をそのまま書きました。私が心掛けているのは、狭い厨房ですから小麦粉の数を極力少なくすること。小麦粉としてはオールマイティーに使えるカメリヤの他は高タンパク粉として2種類、全粒粉はグラハム粉の他に自家製粉の粒度の細かいものがあります。国産小麦粉は「ゆめちから・元気」を主体に「薫風」の配合比率を変えてタンパク質量を調整しています。

　その他は、フランスパン専用粉とライ麦各種のみです。小麦粉だけでなく他の原材料も極力整理することは倉庫スペース、発注の負担、在庫ロスなどメリットが大きいです。

小麦粉・ライ麦粉一覧

用　途	銘　柄（販売会社）	タンパク質量	灰分量	特　徴
パン用粉	スーパーキング（日清製粉）	13.8	0.42	タンパク質量多く、窯伸び良い
	セイヴァリー（日清製粉）	12.7	0.43	風味良く、生地のまとまり良く、滑らか。
	カメリヤ（日清製粉）	11.8	0.37	バランスよく、広い用途に使える
	グラハム粉（日清製粉）	13.5	1.5	挽割り、小麦全粒粉、最も粗い
	ゆめちから・元気（木田製粉）	13.5	0.48	北海道産小麦、強靭なグルテン、吸水高い
パン用小麦	ゆめかおり（ソメノグリーンファーム）	13.3	1.43	茨城県産パン用小麦、製パン適性高い
フランスパン専用粉	リスドォル（日清製粉）	10.7	0.45	味、香りが良い、フランスパンには最適
	リスドォルオーブ（日清製粉）	10.9	0.44	生地伸びよく、短時間製法に向く
めん用粉	薫風（日清製粉）	10.0	0.35	国内産小麦100%、もちもち感が得られる
ライ麦粉	メールダンケル（日清製粉）	7.3	0.9	本格的なライブレッドに適
	アーレミッテル（日清製粉）	8.4	1.5	ライ麦全粒粉（中挽き）
	アーレファイン（日清製粉）	8.4	1.5	ライ麦全粒粉（細挽き）
加工ライ麦粒	ライ麦フレーク（はくばく）	—	—	ドイツのライ麦使用

粉以外の原材料について

パン酵母	ＶＦ	オリエンタル酵母工業
	インスタントドライイースト（赤）	日仏商事
パネトーネ種	ヴェッキオ	オリエンタル酵母工業
パン種	ホシノ天然酵母パン種	ホシノ天然酵母パン種
乳酸菌製剤	アクティブサワーＲ	オリエンタル酵母工業
製パン改良剤	ユーロベイクＬＳ	オリエンタル酵母工業
	Ｃオリエンタルフード	オリエンタル酵母工業
	ユーロモルト	日仏商事
膨張剤	デルトン	オリエンタル酵母工業
胚芽	ハイギーＡ	日清製粉

クイズの答え　　　P7 Q.1 ○　Q.2 ×　P23 Q.3 ○　Q.4 ×　P37 Q.5 ○　Q.6 ○

あとがき

　今回、パン業界の新人から中堅の方向けの本を書こうと思い立ち、ここまで書き進めてきました。改めて、思いましたが皆さんはとても恵まれています。先輩世代の我々が持ちえなかったたくさんの素晴らしい原材料、製法が用意されています。

　というのも、我々の世代は先輩の技術、知識に追いつこうと必死にやってきました。それでも長い経験と知見に裏打ちされた先輩たちの技術には、いまだに追いつききれないほど、この道は奥深いものだと思い知らされています。ところが、ここにきて状況が一変してきました。先輩諸氏にも経験の少ない、発酵種（サワー種）や酵素製剤という、これまで知見の少なかった（無かった）素材、製法が生まれつつあるのです。これら新素材、新製法の持っている可能性はこれまでの製パン法をくつがえし、より簡単に、よりベーカリーに優しく、それでいてこれまでにない美味しさを作り出せます。このことに関しては先輩も同僚もみな同じ立場にあります。おなじスタートラインに立っているのです。

　時代が要求するものは、パンを作る技術だけではありません。お店のあり方（形態）、販売方法にしてもインターネットの普及で様変わりしています。むしろこの分野では皆さん方が諸先輩よりもだんぜん優位にあります。頑張ってください！

　もう一言、言わせてください。

　現時点で日本では毎年200軒余り、ドイツにおいては毎年700軒余りのベーカリーが閉店しています。にもかかわらず、パン業界の市場はむしろ微増です。世界的にパン市場は大手ベーカリーに集約されつつあります。でもご安心ください。リテイルベーカリーは決してなくなりません。街の食文化の発信基地として、生活の中でのプチ贅沢として、その存在価値はますます高まります。ぜひ、そのことを理解しながら、個性的なパンを提供してください。ただし、パン作りにのめり込むことは必要ですが、パン作りだけに自分の時間を使い切らないでください。家族、友人、地域への貢献、社会への貢献といったパンとは違う別の世界もぜひ自分の中に持ってください。

　最後になりますが、本書の製作についておしまない協力をしてくれた妻の絹代、息子の健吾夫婦、つむぎスタッフの方々、そして書籍製作スタッフの方々に大変世話になりました。誌面を借りて深く感謝申し上げます。

竹谷　光司

著者：竹谷　光司（たけや　こうじ）

1948年北海道生まれ。北海道大学を卒業後、山崎製パン入社。ハリー・フロインドリーブ氏の紹介で3年間旧西ドイツ（現ドイツ）でパンの研修を受ける。1974年に帰国と同時に日清製粉に入社。日本製パン技術研究所（JIB）、アメリカ製パン技術研究所（AIB）を経て1986年、日本の若手リテイルベーカリー有志とベーカリーフォーラムを立ち上げ、今日のベーカリー発展の礎を築く。その後ミックス粉、小麦、小麦粉、製粉、食品の基礎研究に携わり2007年、製粉協会・製粉研究所へ出向、全国の育種家の知己を得る。2010年、千葉県佐倉市に「美味しいパンの研究工房・つむぎ」開店。2020年、佐倉市ユーカリが丘駅北口コンコース内に「Bakery & Café TSUMUGI」として新装移転。著作に「一からのパン作り」（旭屋出版）、「新しい製パン基礎知識」（パンニュース社刊 1981～）がある。

Special thanks（敬称略）
　　　一般社団法人　日本パン技術研究所
　　　神戸孝雄（「レーズン発酵種の作り方」および「焼き上がったパンへのショック法」は、
　　　　　　　氏が日清製粉在職中に確立した製パン工程で、現在は広く公開されているものです）

プロベーカーが選ぶ
これからの製パン法
さらに美味しく、もっと省力化、より計画的に

著　者	竹谷　光司
発行日	2021年1月26日　初版発行
制　作	有限会社たまご社
編　集	松成　容子
撮　影	後藤　弘行（旭屋出版）
デザイン	吉野　晶子（Fast design office）
イラスト	内山　美保
発行者	早嶋　茂
制作者	永瀬正人
発行所	株式会社旭屋出版

　　　　〒160-0005
　　　　東京都新宿区愛住町23-2　ベルックス新宿ビルⅡ6階
　　　　電話　　03-5369-6423（販売）
　　　　　　　　03-5369-6424（編集）
　　　　Fax　　03-5369-6431（販売）
　　　　郵便振替　00150-1-19572
　　　　ホームページ　https://www.asahiya-jp.com

印刷・製本　株式会社シナノパブリッシングプレス

ISBN 978-4-7511-1435-3